LES

PENSIONNAIRES

DE

TOTTENHAM-HIGH-CROSS.

T. II.

DE L'IMPRIMERIE DE PLASSAN,
RUE DE VAUGIRARD, N° 15.

LES
PENSIONNAIRES
DE
TOTTENHAM-HIGH-CROSS,

PAR MADAME

LA COMTESSE DE MALARME, NÉE DE BOURNON,

DE L'ACADÉMIE DES ARCADES DE ROME.

Que font les agrémens du corps et de
l'esprit, quand le cœur est profondément
corrompu? *(Tiré de l'ouvrage même.)*

TOME SECOND.

A PARIS,

Chez l'Auteur, rue de la Folie-Méricourt, n° 14,
faubourg du Temple.

~~~~~~~~

NOVEMBRE M. DCCC. XVIII.
~~~~~~~~

LES
PENSIONNAIRES
DE
TOTTENHAM-HIGH-CROSS.

CHAPITRE XIV.

Après le départ des jeunes gens, lady Aurea se retira dans son appartement. Vers les neuf heures, on frappa doucement à sa porte ; croyant que c'était une fille de service, elle fut ouvrir : Rosalia, d'un air timide, lui demanda la permission d'entrer : — Par grâce, lady Aurea, ne me montrez pas tant de sévérité. Hélas! si vous connaissiez ma situation, vous ne négligeriez pas de m'accorder de la pitié. En vérité, je suis bien à plaindre. La fille de mylord Elford attendait l'explication qui devait suivre une pareille introduction. Cependant Rosalia paraissait craindre et désirer de continuer ; ses yeux peignaient en même temps l'intérêt le plus tendre et la plus vive affliction.—Puis-je savoir le motif qui vous a conduite chez moi ? — Je dois d'abord vous apprendre les raisons qui ont engagé mylord à ne pas nous laisser retourner ce soir à Guildford ; il a pensé que peut-être monsieur Elford et son ami ne s'éloigneraient pas de Battlement-House, et exigeraient de mon frère qu'il leur donnât une satisfaction de sa conduite, que j'avoue avoir été fort blâmable. —Mon père a le droit de retenir chez lui ceux qui lui sont agréables ; ainsi, miss, vous ne me deviez nul détail sur ce qu'il a jugé à propos de faire. — Votre ton sérieux me prouve que je partage la juste haine que.... — Je ne hais personne, dit lady Aurea en interrompant Rosalia. — C'est une preuve de votre extrême bonté. — Connaissez-vous donc quelqu'un que je doive haïr? — J'en connais plusieurs, et ce qui me désespère, c'est que vous devez me comprendre dans le nombre. Dieu sait cependant que mon cœur n'a rien à me reprocher, quoique les apparences m'accusent. — Si vous pensez ce que vous dites, il doit vous être facile de vous justifier. —En le faisant, je deviendrais encore plus coupable. —Quel peut donc être le motif de la visite dont vous m'honorez? — Ah! lady Aurea, par pitié, ne m'accablez pas de ces regards qui ne peignent que trop bien la profondeur de votre mépris : en osant me présenter chez vous, j'ai eu en vue de vous avertir que vous serez bientôt exposée à de rudes épreuves. — De quel genre seront ces épreuves, et qui me les fera subir? — Ces questions sont naturelles, je m'y attendais, et je ne puis y répondre ; mais comptant sur votre discrétion, j'ajouterai un conseil que je vous engage à suivre. Une ferme résistance peut vous garantir d'une longue série d'infortunes. J'ose vous adresser en outre une prière : c'est de ne porter sur moi aucun jugement avant que vous n'ayiez une entière connaissance de la situation dans laquelle je me trouve. — Sans me convaincre de votre innocence, miss, votre apparente franchise élève quelques doutes sur ma première opinion sur votre compte. Je vous promets de ne tirer aucune conséquence qui vous soit défavorable dans ce qui pourra m'arriver de fâcheux, s'il ne m'est pas démontré que vous y avez participé. — Il est possible que vous trouviez quelquefois mes paroles en contradiction avec les sentimens que je vous annonce : alors je vous engage à me surveiller, afin de vous assurer que mes actions ne démentiront pas ces derniers. Rosalia, en quittant la chambre de lady Aurea, parut prendre de grandes précautions pour n'être entendue ni rencontrée par personne.

Quelle autre qu'Antonia, pensa lady Aurea, pourrait vouloir me causer des peines ! Mais dois-je la redouter ? mon père n'est-il pas là ? souffrirait-il que sa fille fût rendue malheureuse ? Sans doute Antonia a sur lui un fort grand ascendant ; cependant elle ne l'emportera jamais sur la tendresse qu'il a pour ses enfans. Cherubini est une créature entièrement dévouée à Antonia ; mon union avec lui est un projet formé entre eux ; mais ils n'obtiendront pas l'assentiment de mon père. Mylord d'ailleurs n'a-t-il pas promis ma main à

Sackwill? A la vérité il semblait vouloir éloigner toute explication avec ce dernier, et ne l'a pas traité avec la même amitié que précédemment.... Si, obsédé par son épouse, il avait le désir de retirer sa parole, le pourrait-il sans manquer essentiellement à une famille respectable? N'a-t-il pas accédé à la demande que mylord Sackwill lui a faite de ne pas remettre mon mariage avec son fils plus loin que l'époque que mon père avait fixée lui-même? Cette condition sera bientôt remplie; dans trois mois j'aurai dix-huit ans, ainsi il me reste peu de temps à souffrir sous la dépendance d'Antonia. Ces réflexions auraient tranquillisé lady Aurea, si Rosalia n'avait pas ouvert une porte à la crainte. Cette jeune fille paraissait être de bonne foi; d'ailleurs quel motif aurait pu la porter à venir troubler son repos par l'annonce de feintes appréhensions? Rosalia

lui avait toujours paru être plutôt victime que complice de mylady Elford.
Son excessive gaieté n'est pas une preuve
qu'elle soit heureuse. On peut chercher à dissimuler ses peines en s'étour-
dissant soi-même sur la dureté de son
sort. Sa situation, dit-elle, est fâcheuse.
Je puis d'autant mieux croire à son
assertion que j'ai entendu Antonia lui
parler avec un ton de supériorité et de
hauteur qui m'a étonnée.

Le sommeil de lady Aurea fut troublé par le souvenir des évènemens de
la veille. A l'heure du déjeûner elle
trouva son père soucieux, mylady
joyeuse, et Cherubini rayonnant; Rosalia, malgré que le sourire fût sur ses
lèvres, conservait un air pensif. Après
s'être informée de la santé de mylord,
lady Aurea fit un salut général. Elle
servit tout le monde avec ses soins et ses
prévenances accoutumées, puis se plaça

à côté de son père. Cariati voulut égayer la conversation, mais Antonia fut la seule qui répondit à son appel. — Après le déjeûner, Aurea, vous viendrez me trouver dans mon cabinet. Cet ordre inattendu fit pâlir la jeune personne ; et, sans deviner ce que son père avait à lui dire, elle éprouva un serrement de cœur affreux. Dès que mylord fut sorti, Antonia assomma sa belle-fille de marques d'intérêt : son air sérieux l'affligeait au-delà de l'expression ; avait-elle des chagrins ? quelqu'un aurait-il osé lui causer de la peine ? — Je ne me plains de personne, mylady, et vous remercie du sincère intérêt que vous prenez à moi. Après cette réponse, lady Aurea fut trouver son père.

Mylord fit asseoir sa fille à côté de lui. Son air était embarrassé. Pendant quelques secondes il garda le silence. Ses yeux paraissaient craindre de se porter sur elle ; enfin il articula avec peine : — Le devoir d'un père de famille est de s'occuper du bonheur de ses enfans. Cette introduction n'annonçant que de la bienveillance, lady Aurea porta sur mylord un regard de reconnaissance. — Quand j'ai permis à Henry Sackwill de prétendre à votre main, je lui supposais les qualités qui peuvent constituer un bon mari. Depuis, des observations prescrites par la prudence m'ont éclairé sur le compte de ce jeune homme ; et, bien persuadé qu'il ne vous rendrait pas heureuse, j'ai … cru … devoir …. Une forte hésitation certifiait l'extrême embarras de sa seigneurie. — J'ai, dis-je, pris la résolution de rompre un engagement qui ne remplissait pas mes vœux ; et, ce matin, il est parti une lettre adressée à mylord Sackwill, par laquelle je retire ma parole. Ces dernières phrases furent prononcées avec une étonnante vélocité. Un accablement total empêcha d'abord lady Aurea de prononcer un mot; mais, ayant recouvré sa force d'esprit, elle demanda à son père quel reproche il avait à faire à Henry. Mylord parut interdit à une question à laquelle cependant il aurait dû s'attendre.

— L'anxiété paternelle aperçoit ce qui est à peine sensible à d'autres yeux : Henry a été mal élevé, il est rempli de défauts, et malheureusement il les a fait contracter à votre frère : tant un mauvais exemple est pernicieux pour les jeunes gens ! — Sans doute mon père doit la connaissance des nombreux défauts de M. Sackwill aux délations d'un officieux ami ; car, arrivé avec mon frère hier matin, le peu d'instans qu'il est demeuré ici n'aurait pas suffi pour le faire juger avec tant de rigueur. Avant son départ de l'Angleterre, mylord en avait assez bonne opinion pour lui accorder la main de sa fille. — Je veux bien, Aurea, ne pas relever ce qui se trouve de piquant dans les paroles que vous venez de prononcer. Jusqu'à présent, je n'ai eu qu'à me louer de votre obéissance. Une conduite opposée ne vous réussirait pas avec moi. — Dieu qui connaît mes sentimens, sait combien je suis éloignée de vouloir résister à vos moindres volontés. Mylord, satisfait de la respectueuse soumission de sa fille, déposa sur son front un baiser paternel, et la laissa libre de se retirer dans sa chambre. Je n'essayerai pas de rendre compte des sentimens douloureux qu'éprouva la sœur de Baldwin, dès qu'elle fut seule et libre de se livrer à ses affligeantes réflexions. Les objets se présentèrent à ses yeux sous la forme la plus redoutable. Tout espoir d'union avec Henry Sackwill était perdu, et la seule perspective qui se déroulait devant elle était un odieux assujettissement aux volontés de son implacable belle-mère.

Deux semaines se passèrent sans rien changer à l'état des choses. Mylord traitait sa fille avec amitié ; Antonia affectait un redoublement de tendresse pour sa bru ; Cherubini lui témoignait un respect servile, et les regards de Rosalia exprimaient une affection qui paraissait naturelle. Le frère et la sœur étaient établis à demeure à Battlement - House. Le logement qu'on avait loué à Guildford devenant une dépense inutile, on y avait entièrement renoncé. Il n'était plus question de retourner en Italie : l'air de l'Angleterre était favorable à la santé de Rosalia ; ce pays plaisait beaucoup à Cherubini, et, ce qui était un point bien plus déterminant, la société de ses chers parens rendait Antonia parfaitement heureuse. Cette dernière raison ne pouvait manquer d'obtenir l'approbation d'un époux aussi faible que passionné. Pour ajouter un lien de plus à l'intimité que mylady voulait établir entre la famille de mylord et la sienne, elle parut désirer que les mots de cousin et de cousine fussent substitués à ceux de monsieur et de madame; Cherubini se hâta de profiter de la permission, en appelant sans cesse lady Aurea sa belle, sa charmante cousine; mais il n'en put jamais obtenir une réciprocité. Vainement Antonia eut recours à la cajolerie, ses efforts n'eurent aucun succès. Mylord eut le bon esprit de ne point prendre part à cette discussion; et, pour cette fois, lady Aurea eut l'avantage. Rosalia suivit son exemple.

A son arrivée à la terre de mylord

Sackwill, Baldwin avait écrit à son père et à sa sœur. La lettre de mylord Elford à lord Charles, contenant le refus de remplir la parole mutuelle qu'ils s'étaient donnée d'unir leurs enfans au bout d'une année, indigna toute la famille. La réponse du père de Henry, proportionnée au procédé, fut amère et piquante ; une rupture en fut la suite. Mylord Elford ordonna à son fils de quitter sur-le-champ Splendent-Castle (nom de la terre de mylord Sackwill). Baldwin était incapable de désobéir à son père ; mais, n'approuvant pas la conduite de mylord Elford, il ne partit pas sans avoir témoigné à mylord et à mylady Sackwill l'étendue de ses regrets, qui furent généralement partagés. Henry voulait suivre son ami, mais toute sa famille s'y opposa. — Retournes-tu à Battlement - House? demanda Henry à son ami. — Non.—Où donc comptes-tu aller?—Sur mon honneur, j'ignore ce que je ferai. — Du moins tu m'écriras? — Peux-tu en douter? — Ne crains rien pour notre correspondance ici, elle sera en toute sûreté. Les habitans de Splendent-Castle virent avec chagrin le départ de Baldwin. Sa douceur, son amabilité, le faisaient chérir par tout le monde.

M. Elford prit la route de Londres, et descendit Berkley-Square, à l'hôtel de son père. Le lendemain, il fut visiter tous les amis de sa famille pour les prier de le faire employer avantageusement dans l'armée qui passait sur le continent. L'instant était favorable. Une coalition de toutes les puissances portait fort haut le contingent de chacune. Avant huit jours, Baldwin fut nommé capitaine d'un régiment prêt à s'embarquer. Au moment de monter sur le bâtiment, il écrivit à son père. Sa lettre commençait ainsi : « J'ai obéi à vos ordres, mylord. Le lendemain de l'arrivée de votre lettre, je suis parti de Splendent-Castle. Sachant que ma présence ne serait pas agréable à Battlement-House, je me suis décidé à prendre un parti que vous approuverez sans doute. Le roi a besoin de serviteurs dévoués, je lui ai offert mes services, et, dans une heure, je ne serai plus sur le sol de l'Angleterre, etc.... » Ce fut un chagrin réel pour mylord Elford de savoir le seul enfant qui pût relever un nom près de s'éteindre, exposé journellement à perdre la vie. La tristesse s'empara de lui, et, pendant quelques jours, il se tint enfermé dans son appartement sans vouloir y donner accès à personne ; Antonia même ne fut pas exceptée. Comme c'était elle qui éloignait Baldwin de Battlement-House, il lui semblait que, dans les premiers momens, sa vue lui ferait mal. Mylady était outrée, mais, fidèle à ses principes de fausseté, elle ne parut qu'affligée. Plusieurs fois elle avait essayé de s'introduire furtivement auprès de son époux ; mais, observateur exact des ordres de son maître, Black, le valet-de-chambre de mylord, s'y était toujours opposé. L'occasion de résister à sa maîtresse se présentait pour la première fois. Il se serait gardé de la laisser échapper. Antonia ne concevait pas comment il était possible que son mari se privât volontairement du plaisir de la voir. Son amour-propre en souffrait ; mais son plus grand tourment était la crainte que mylord pût acquérir la certitude que sa présence n'était pas nécessaire à son bonheur. Obligée, pour soutenir l'ascendant qu'elle avait pris sur son esprit, d'employer tous les moyens de séduction qu'elle devait à la nature , et ceux que l'art le plus raffiné pouvait lui suggérer, il lui semblait , avec raison , qu'une absence aussi longue serait capable de détruire l'enchantement.

Lady Aurea s'était aussi présentée fréquemment à la porte de son père , mais sans jamais insister pour le voir. Un jour que mylady était retenue dans son lit par une légère incommodité , Black proposa à sa jeune maîtresse d'entrer dans le cabinet de mylord. Pensant que la permission émanait de son père, lady Aurea se hâta d'en profiter. Sa seigneurie la reçut avec tristesse et bonté. Elle lui parla de ce qu'elle nommait la démarche inconsidérée que venait de faire son frère , et lui demanda si elle savait que Baldvin eût l'intention d'entrer dans l'état militaire. — Jamais il ne me l'a témoigné. — Je présume que les mauvais conseils de mylord Sackwill et de son fils l'auront décidé à prendre un état qu'ils savaient que je désapprouverais. — Henry a donc aussi demandé du service? En faisant cette question, la voix d'Aurea était à peine intelligible. — Votre frère ne me parle pas de son ami; mais je ne pense pas que lord Charles ait consenti à une fantaisie de jeune homme qui peut avoir les plus funestes suites. L'idée des dangers qu'allait courir son frère se présentant à l'esprit de lady Aurea, elle ne put retenir ses larmes. Mylord, attendri par le chagrin de sa fille, se livra lui-même à la plus vive douleur. En ce moment on entendit dans l'antichambre une espèce de discussion. — J'entrerai, vous dis-je; et je vous trouve bien osé de me refuser de voir mon mari, quand je le sais avec quelqu'un! — Ce n'est pas quelqu'un qui est avec sa seigneurie, mylady, ou du moins ce n'est pas un étranger. — Le suis-je, moi? — Allez dire à votre maître que je m'établis ici jusqu'à l'instant où il lui plaira de faire cesser mon exil. Mylord courut ouvrir la porte, et, prenant Antonia par la main, il la pria de ne point en vouloir à Black, qui n'avait fait qu'exécuter ses ordres. — Ainsi vous m'éloigniez de vous, tandis que d'autres jouissaient du bonheur de partager vos chagrins! — C'est la première fois depuis la retraite de mon père, que je suis admise en sa présence. — M'ordonnez-vous de me retirer? dit Antonia d'un air caressant et enfantin. Mylord, au lieu de répondre, baisa sa main, la pressa dans ses bras, et la conduisit sur un sopha. — Dieu merci! s'écria-t-elle, je suis réintégrée dans mes droits. Puis, se tournant vers sa belle-fille: — Vous sentez sûrement, lady Aurea, qu'après une aussi longue séparation nous devons avoir beaucoup de choses à nous dire. — Vous voyez, mylady, que je me disposais à me retirer. Lady Aurea salua, et sortit.

Mylord parut au dîner; à l'exception d'un léger fond de mélancolie, il redevint ce qu'il était précédemment. Cherubini, au contraire, redoubla de soins et d'attentions pour sa seigneurie. Bientôt il se rendit si nécessaire, que mylord ne pouvait plus s'en passer. Il fut chargé de plusieurs opérations d'intérêt; Antonia avait persuadé à son époux que personne au monde ne s'entendait mieux que son cousin à la gestion des biens de tous genres. — Avec lui un intendant cesse d'être utile. Le vôtre, mon bien-aimé, est un fort galant homme; s'il était pauvre, je vous engagerais à le garder; mais il a, dit-on, acheté depuis dix ans deux ou trois propriétés, et a en outre une somme placée à la banque. — Il a fait un héritage de trois mille livres. —

Et est riche de plus de huit. Chamwood peut fort bien se reposer et vivre tranquille avec sa famille. — Son père est mort au service du mien, j'aurais désiré ne pas m'en séparer. — Vous avez raison d'aimer un ancien serviteur, mais il ne faut pas que votre attachement le prive du repos dont il a grand besoin. Son âge est avancé. — Il n'a que cinquante ans. — Cela est vrai, mais les incommodités... — Il m'a toujours paru se bien porter. — Sans doute qu'il n'a pas voulu vous affliger en parlant de ses maux. Mais je sais qu'il souffre toutes les nuits par une suite des fatigues des jours; pour veiller aux intérêts qui lui sont confiés, il ne doit négliger de faire aucune démarche; souvent ce pauvre homme est obligé de s'en rapporter à des étrangers qui peuvent le tromper. — Voilà ce que je n'ai jamais su. — Je le crois bien; qui vous l'aurait dit? Mais je le sais, moi.—Pensez-vous donc, ma chère Antonia, que Chamwood serait bien aise d'avoir sa retraite? — Il en serait charmé, mais il n'en conviendra pas dans la crainte de vous faire de la peine. — Et vous croyez que Cherubini consentirait à être mon intendant? — Il le sera de fait, sans pourtant en avoir le titre ni les émolumens. — Il serait trop généreux à lui de prendre de la peine sans autre intérêt que le plaisir de me rendre service. — Oubliez-vous, mon ami, que Cariati a de la fortune? et puis ne rendez-vous pas sa cousine la plus heureuse des femmes? En voilà plus qu'il n'en faut pour vous être entièrement dévoué. — Eh bien! ma charmante amie, j'approuve d'avance tous les arrangemens que vous prendrez, et me repose entièrement sur vous.—A propos, mon aimable ami, ne déciderons-nous rien relativement à ma fortune? Jusqu'à présent nous en avons touché les revenus avec exactitude ; l'homme d'affaires qui régit la plus grande partie de mes propriétés est d'une grande probité, et a toujours eu l'entière confiance du duc de Spoletto. Comme vous m'avez témoigné le désir de réunir nos biens en Angleterre, je n'ai donné aucun ordre pour renouveler les baux. Faites-moi part de vos intentions, afin que je m'y conforme. — C'est vous, chère Antonia, qu'il faut consulter : pour peu que vous vous sentiez de répugnance à vendre les terres de vos ancêtres, je vous engage à les conserver. Si le ciel daigne nous accorder un fils, votre fortune lui appartiendra tout entière. Il est donc à-peu-près égal qu'elle soit située dans votre pays ou dans le mien. — Votre volonté sera toujours ma loi : ainsi donc je vais écrire en Italie, mon tuteur sera charmé du parti que nous prenons. Comme frère de ma mère, il aurait vu avec peine le château de R*** passer dans des mains étrangères; il y a si long-temps qu'il nous appartient! — Sûrement, mon amie, vous en auriez souffert, et vous aviez la courageuse générosité de m'en faire le sacrifice. — Ne donnez jamais le nom de sacrifice à tout ce que je m'empresserai de faire pour vous être agréable. Vous plaire et vous prouver ma tendresse sont les vœux les plus ardens de mon cœur.

CHAPITRE XV.

L'HONNÊTE Charmwood reçut l'ordre
de mylady, de rendre ses comptes à
Cherubini. Le vieux serviteur ne pouvant se persuader que son maître voulût
le renvoyer, fut le trouver, et, les yeux
noyés de larmes, il lui demanda s'il avait
commis quelques fautes assez graves
pour mériter la plus terrible punition.
Une explication eût eu lieu sans doute,
si Antonia n'eût été avertie à temps.
Elle arriva dans le cabinet de son mari
au moment où mylord allait avouer à
son intendant que leur séparation lui
était aussi extrêmement sensible. Avec
son adresse ordinaire, mylady sut maîtriser la volonté de son époux. —Brave
et vertueux Charmwood, lui dit-elle,

ne vous affligez pas : mylord ne vous ôte que la peine, vous pouvez conserver votre logement au château. — Je ne puis consentir, mylady, à manger le pain de sa seigneurie sans lui consacrer tous les instans de ma vie ; et, si Dieu le permet, je suis bien en état de servir mon maître, de corps et d'ame, pendant plus de vingt ans. — S'il en est ainsi, Charmwood, vous pouvez rester. — Oui, restez avec nous, se hâta de dire Antonia : en continuant de veiller à nos intérêts, ce sera continuer de nous être utile. — Je vois bien, mylord, qu'il est décidé que je ne servirai plus votre seigneurie. Je me retirerai, car il me serait trop douloureux de voir un autre...... — Votre place, dit Antonia en l'interrompant, ne sera occupée par personne. Mon cousin et moi ferons facilement la besogne d'un intendant. — Ne vous y trompez pas, mylady, un intendant honnête homme est une chose essentiellement nécessaire. L'expérience vous le prouvera. Mylord veut-il bien me dire à qui je dois rendre mes comptes? — Je vous l'ai dit, mon cher Charmwood, dit Antonia, à M. Cariati et à moi. — Cela suffit. Que le ciel préserve votre seigneurie, mylord, de la méchanceté des hommes, ou qu'il lui ouvre les yeux, si elle se trouve en butte à la trahison, assez à temps pour prévenir les malheurs dont elle pourrait être victime! — Je me joins à vous, dit Antonia avec un air attendri, pour former le même vœu. Mais j'espère que l'activité de ma surveillance parviendrait à éloigner les dangers qui pourraient atteindre mon époux, si, contre toute vraisemblance, il en était jamais menacé. — Je ne doute pas, mylady, de votre activité, et je suis sûr que celle de M. votre parent ne sera pas non plus en défaut. — Adieu, Charmwood, n'oubliez pas que vous laissez à Battlement-House un souvenir qui ne s'effacera jamais. — J'en emporte un, my-lady, qui répandra l'amertume et la douleur sur le reste de mes jours. Antonia s'était levée, et, marchant vers la porte, elle indiquait d'une manière très - claire à l'intendant qu'il était temps qu'il se retirât; dès qu'il fut dehors, Antonia ferma la porte sur lui, et, se rapprochant de mylord, elle dit en affectant une sorte de tristesse : — C'est une bien honnête créature que ce Charmwood. — Il me quitte avec beaucoup de regret. — Je vous en ai prévenu, mais il ne se sentait plus assez fort pour veiller à tout. Plus il en avait coûté à Antonia pour dissimuler la haine que lui inspirait l'intendant, en présence de son mari, plus l'explosion de sa colère fut terrible quand elle put lui donner l'essor. Elle fit venir Charnwood dans son cabinet de toilette; Cherubini s'était placé dans la chambre qui précédait, pour empêcher que la voix de mylady, qui devenait glapissante quand elle était animée par la passion, ne fût entendue. — Ne vous flattez pas, dit-elle avec hauteur, que vos infâmes allusions aient eu le succès que vous en espériez. M. le ci-devant intendant, vous êtes un insolent; mais prenez garde à ce que vous férez et direz. Je ne veux pas vous tromper : si votre conduite n'est pas dirigée par la prudence, malheur à vous ! Un mot prononcé qui me serait défavorable, et je vous accable du poids de ma vengeance. — Si je garde le silence, mylady, ce ne sera pas pour me mettre à l'abri de vos menaces : un honnête homme redoute peu les méchans; mais je crains de porter à mon digne maître un coup mortel en lui apprenant à qui il a lié son sort. Je le compare à un infortuné que sa mauvaise étoile a conduit sous un arbre empoisonné; en l'avertissant d'un danger qu'il ne peut plus éviter, vous rendez ses derniers instans affreux. Par humanité on doit le laisser s'endormir doucement du sommeil éternel. Hélas! je désire presque pour mylord qu'il ne se réveille jamais. Antonia sourit ironiquement, et, sans répondre à sa directe apostrophe, sans paraître même se douter de l'application, elle l'invita à s'éloigner du château avant la fin du jour. — Soyez tranquille, mylady, ma présence ne sera pas long-temps un obstacle à l'exécution de vos vastes projets. Puisse le Tout-Puissant veiller sur la destinée de lady Aurea! Sa douceur, sa bonté, l'empêcheront de se plaindre. Cependant, je ne veux pas vous cacher

que mes yeux seront continuellement
ouverts sur ce qui pourrait lui arriver,
et que je n'aurai aucun égard pour
le rang de ceux qui voudraient l'oppri-
mer. Ces paroles furent accompagnées
d'un regard qui en imposa tellement à
l'Italienne, qu'elle laissa sortir le vieil-
lard sans répondre un seul mot. En
passant à côté de Cherubini, Charmwood, fixant sur lui un œil de mépris,
lui dit de venir recevoir ses comptes.—Je
serai à vous dans cinq minutes.—Allez,
M. Cariati, prendre les ordres de votre compatriote Antonia; mais ne
soyez pas long-temps, car je suis in-
finiment pressé. Charmwood fut chercher le groom William et le portier
Smith, les seuls dont il ne suspectait pas
l'honneur, et les mena dans son logement. Quand Cherubini entra, Charmwood leur dit : — Voilà l'intendant qui
me remplace. Je vous ai priés de venir

afin que vous fussiez témoins de ma reddition de compte. Tout était si bien en règle qu'il fallut peu de temps pour terminer. — Dites devant ces deux honnêtes gens si vous trouvez quelques observations à faire sur la manière dont j'ai géré les biens de mylord Elford? — Tout est parfaitement en ordre. — Vous en convenez? — Oui. — Signez-en le certificat que voici, il le sera également par Smith et William. Malgré la répugnance que l'Italien éprouvait à donner à Charmwood la satisfaction qu'il exigeait, il fut forcé de s'y soumettre.

Charmwood fut sincèrement regretté, même des nouveaux valets. Il était connu de tous pour un homme franc, loyal, et toujours disposé à rendre des services. Ne voulant pas quitter le château sans prendre congé de la fille de mylord, Charmwood prit pour faire sa dernière visite l'instant où l'on sortait de table. Black hésitait pour le laisser entrer, mais l'ancien intendant s'introduisit dans le salon sans faire attention au léger mouvement qu'avait fait le valet-de-chambre pour l'arrêter au passage. Après s'être profondément courbé en regardant mylord, il s'avança vers lady Aurea, et, s'excusant de venir l'interrompre, il la pria de recevoir, au moment de son départ, l'assurance de son respectueux et inviolable dévouement. La jeune personne fut saisie d'étonnement en apprenant que l'honnête et fidèle Charmwood quittait le service de son père. — Je ne le quitte pas, madame, je suis renvoyé. Ma présence n'est plus utile à mon maître. Un autre intendant me succède; à la vérité, la place actuelle convient mieux à M. Cariati qu'à moi, quoique je me flatte de mieux convenir à la place que lui.

Cherubini partit d'un fort éclat de rire :
— Eh ! quoi ! l'honnête Charmwood a
adopté le langage à la mode, il essaie
aussi de jouer sur le mot ! — Je laisse
les mauvaises plaisanteries aux histrions.
Ce n'est pas mon genre. — Vous paraissez fâché ? Charmwood, dit avec bonté
mylord ; peut-être me suis-je trompé en
croyant vous rendre service : parlez-moi
franchement, vous sentez-vous en état ?
— Mylord a raison, dit mylady avec
précipitation, si vous ne pensez pas que
votre fortune puisse soutenir l'état que
vous avez fait prendre à votre famille,
je suis persuadée que mon mari ne me
blâmera pas de vous annoncer que
vous pouvez compter sur une augmen-
tation de cent livres sterling dans votre revenu.—Loin de vous désapprou-
ver, Antonia, je vous remercie d'avoir
deviné mes intentions. — Votre seigneurie ne connaît pas le cœur de son

vieux serviteur, si elle pense que le misérable intérêt puisse le consoler de perdre le maître à qui il espérait consacrer sa vie entière. Un cri terrible que jeta la petite chienne de mylady occasionna une diversion générale. Flora continuait à crier, Antonia se désespérait : — Pauvre créature ! tes douleurs me percent l'ame. Lady Aurea s'approcha de l'animal, et vit avec chagrin qu'il avait une patte absolument écrasée ; cependant aucun meuble n'est tombé dessus. Mylord cherche à tranquilliser la vive émotion de sa femme, en lui assurant que Flora sera bientôt guérie. Mylady veut aller prendre de l'eau de Cologne dans un cabinet, et quoique Charmwood ne se trouve pas sur le chemin qui y conduit, Antonia se heurte contre lui. — Voulez-vous donc mé tuer ? lui dit-elle avec colère. Retirez-vous sur-le-champ, votre présence m'est odieuse.

Charmwood sort, en rougissant pour la faiblesse de son maître. Dès que le mal fut calmé, mylord dit avec douceur. — Vous avez traité ce pauvre Charmwood avec bien de la dureté. — Ne le méritait-il pas, mon ami? marcher devant moi sur la patte d'un chien qu'il sait que j'aime!— S'il l'a fait, croyez que c'est par inadvertance. — Avec intention, je vous le proteste, dit Chérubini.—Pourriez-vous l'assurer, M. Cariati? demanda lady Aurea. — J'en suis certain, mylady. Elle le regarda d'un air indigné. Et ne pouvant supporter plus long-temps la vue d'un homme qui joignait l'audace à la fausseté, elle quitta le salon. A peine elle était entrée dans son appartement, que mistress Thoresby vint la trouver:— Que pensez-vous, ma chère enfant, du renvoi de l'honnête Charmwood?—J'en suis fâchée, mon père perd en lui un domestique bien fidèle. — Sans doute mon tour viendra bientôt. — J'espère que non.—Vous ne serez pas consultée. Il ne faut plus dans cette maison que des valets dévoués à mylady et à son favori. Dans la crainte d'exaspérer la gouvernante, lady Aurea ne lui dit pas ce qui s'était passé en présence du ci-devant intendant. Avant de rentrer au salon, elle descendit au jardin, où elle fut jointe par Rosalia. Les yeux de cette jeune fille étaient rouges, et elle paraissait fort triste. Elles se promenèrent à côté l'une de l'autre long-temps sans se parler. Quelques lieux communs servirent à lady Aurea de sujet de conversation. Rosalia répondit dans le même sens. La voix de cette dernière, naturellement douce, avait de plus une inflexion de sensibilité qui attira l'attention de lady Aurea. — Vous ne paraissez pas en bonne santé, miss Cariati ; pourquoi vous exposer à sortir ? — Puis-je chercher à préserver une vie qui doit s'écouler dans une douleur continuelle ! — Ainsi vous éprouvez de grandes peines ? — Personne n'en ressentit jamais d'aussi cruelles. — Je vous plains. — Je vous remercie, lady Aurea, ces paroles sont un baume pour mes plaies. — Si jeune il me semble que vous ne devriez pas connaître les malheurs. — Le jour de ma naissance en commença la chaîne. — En communiquant ses chagrins on peut quelquefois les alléger. — Je le pense aussi ; mais cet adoucissement même ne m'est pas permis. Je dois souffrir sans oser me plaindre. Votre sort, lady Aurea, est moins affreux que le mien, et cependant.... Elle s'arrêta. La fille de mylord Elford la regarda avec l'air d'attendre la suite de sa phrase. Rosalia baissa les yeux en rougissant. — Pourquoi vous arrêter?.... Votre silence m'indique la manière dont il faut continuer ; *et ce-pendant*, disiez-vous, vous n'êtes point heureuse; n'est-ce pas ainsi que vous auriez voulu terminer? Une fois déjà vous m'avez engagée, par des mots énigmatiques, à ne pas me désister d'une ferme résistance dans une circonstance où mon courage serait mis à l'épreuve; persistez-vous à croire qu'il me faudra lutter contre les évènemens?—Les raisons qui m'ont portée à vous faire cet avertissement, existent toujours. — Ainsi je serai bientôt en butte à la persécution de........ quelqu'un? — Je le crains; mes moyens sont bien circonscrits, cependant, mylady, si la pauvre Rosalia peut vous prouver son innocence en vous sacrifiant sa vie, vous pouvez disposer entièrement d'elle. — Si vous n'êtes pas la plus perverse des femmes, Rosalia, vous êtes la plus intéressante. A Dieu ne plaise que je vous soupçonne de vouloir me tromper; mais le mystère dont vous vous enveloppez, votre parenté avec.... — Une bien méchante femme, n'est-ce pas? Je le sais, tout concourt à me faire paraître à vos yeux aussi coupable que..... — Ceux dont je dois me défier; mais je vous ai promis de ne vous juger qu'après des preuves irrécusables. — Quand vous croirez devoir m'accuser, si je suis présente, daignez, madame, me regarder, ma contenance parlera pour moi. Si mon absence m'ôte ce moyen de justification, rappelez-vous le serment que je vous fais en ce moment de vous sacrifier même mes devoirs, s'il arrive jamais que votre situation nécessite cet absolu dévouement. En voyant venir vers elles Cherubini, lady Aurea prit la main de Rosalia, et la pressa avec affection dans les siennes :—Je vous crois sincère, lui dit-elle, et vous accorde une entière confiance. —Je ne cesserai jamais de la mériter. — Rosalia, dit Cherubini en approchant, ma cousine a besoin de vous. Lady Aurea permettra que je prenne la place de ma sœur pour l'accompagner dans sa promenade?— Mon projet était de rentrer. Rosalia resta un moment indécise pour savoir si elle attendrait lady Aurea, dont elle était déjà éloignée de quelques pas. — Ne tardez pas, Rosalia, à vous rendre auprès de mylady. Resté avec la fille de mylord Elford, Cherubini insistait pour qu'elle continuât sa promenade. — Quand j'ai pris une détermination, monsieur, j'y tiens avec constance et courage.—Puissiez-vous n'en jamais prendre qui me soit défavorable!—N'ayant rien de commun l'un avec l'autre, dit lady Aurea avec dignité, vous n'avez à cet égard rien à redouter. — Combien vos expressions sont amères ! madame. — Elles sont les véridiques interprètes de mes sentimens. — Vous me traitez bien durement ; je ne crois pas avoir mérité tant de rigueurs. Permettez du moins que je sache le motif de.... — Le sujet est trop insignifiant pour occuper mon attention ; vous m'obligerez en n'essayant pas de lui donner une importance dont il est en vérité peu digne. En prononçant ces mots, lady Aurea rentra au château ; elle entendit Cariati murmurer, ce dont elle se soucia fort peu.

CHAPITRE XVI.

PEU de jours après le départ de Charm-wood , Cherubini , guettant l'occasion de rencontrer lady Aurea seule , la trouva aussi favorable qu'il pouvait le désirer. Il en profita pour lui parler de son insurmontable passion , et lui demanda la permission de s'adresser à mylord Elford. — Mon père vous dira, monsieur , qu'il s'est promis de n'influencer en rien le choix de ses enfans. Le mien ne vous ayant pas pour objet, votre démarche aurait pour vous le désagrément d'un refus. — Lady Aurea est trop juste et trop bonne pour condamner à un éternel malheur un homme qui n'hésiterait pas à lui sacrifier même sa vie si elle l'exigeait. — Je suis bien éloignée, monsieur, de vous faire une pareille demande, et je me borne à vous prier de ne pas penser à moi. Je ne crois pas avoir à me reprocher d'avoir encouragé des prétentions que vous n'auriez jamais dû concevoir. Une demi-révérence que lady Aurea fit en tournant le dos à Cherubini, termina l'entretien. — Il n'en sera pas ainsi, impérieuse fille, dit-il assez haut pour être entendu de Rosalia, qui se promenait dans une allée voisine. — De qui parlez-vous, mon frère? — De qui puis-je parler, si ce n'est de la plus vaine de toutes les femmes? — On peut l'être, quand on possède, comme lady Aurea, toutes les vertus. Il me semble que vous ne vous conduisez pas avec elle comme vous le devriez. — Je vous remercie du conseil. Antonia saura le vif intérêt que vous inspire sa belle-fille, et ne manquera pas de vous en

marquer sa reconnaissance. — En aigui-
sant, le plus possible, le couteau qui doit
me percer le cœur, vous me rendrez
service ; plus la blessure est profonde, et
moins de temps le patient souffre. Sans
paraître affecté d'un discours qui eût
attendri l'être le moins sensible, Cherubini quitta sa sœur en fredonnant un air.

A l'heure du dîner, malgré le soin
que chacun prit pour se composer un
visage calme, il eût été facile à un observateur de juger des différens sentimens qui animaient les convives ; le
seul lord Elford ne cherchait à rien
dissimuler. Antonia, accoutumée à surveiller ses sensations, pouvait presque
toujours commander à son extérieur.
Le sourire de la bienveillance parait
sa jolie bouche, tandis que les ser-
pens de la jalousie dévoraient son cœur.
Plus elle adoucissait le son de sa voix,
et plus l'orage qui se formait dans son

sein était près d'éclater. En sortant de table, l'Italienne s'approcha de sa belle-fille, et, lui prenant la main d'un air caressant, elle la conduisit en riant dans son cabinet de toilette. Dès qu'elles furent seules, Antonia devint sérieuse; et, après avoir fait asseoir lady Aurea à ses côtés, elle lui témoigna beaucoup de mécontentement, relativement à la manière hautaine avec laquelle elle avait traité son parent. — Puisque M. Cariati vous a porté ses plaintes, il aurait dû vous apprendre quel fut mon motif. — Aucun, je pense, ne vous autorisait à lui marquer du mépris; la recherche de mon cousin ne peut offenser votre orgueil, et doit flatter votre amour-propre. Lady Aurea sourit: — Je vous demande pardon, mylady, de ne pas penser comme vous. — Ainsi vous rejetez l'offre honorable que vous a faite Cherubini? — Oui, mylady.

— Vous espérez peut-être que l'hymen ridiculement projeté avec Henry Sack-will pourra s'effectuer un jour. Détrom-pez-vous ; il est rompu pour la vie : votre père aimerait mieux vous voir morte que l'épouse d'un homme qu'il déteste. — Si tels sont les sentimens de mon père, il est bien changé. Au reste, je n'espère rien, et ne demande que de n'être point importunée pour une chose à laquelle je ne censentirai jamais. — Si votre père l'exige de votre obéissance ? — Impossible. — Admet-tez-en la possibilité. — Pour la pre-mière et la dernière fois de ma vie, je lui désobéirais. Mylady a-t-elle encore besoin de ma présence ? —Vous pouvez vous retirer. Lady Aurea retourna dans le salon. Son père, qui jouait aux échecs avec Cherubini, lui fit un signe d'ami-tié. Antonia rentra. Toutes les traces de mauvaise humeur étaient effacées.

Ses traits, son ton, sa démarche, annonçaient le calme et la satisfaction. —
Venez me conseiller, dit mylord à sa
femme, et surtout placez-vous assez
près de moi pour que je ne sois pas
distrait par la vue enchanteresse de
votre beauté. — Séducteur, vous voulez que je vous fasse gagner Cherubini ;
j'y consens : réunissons tous nos moyens.
Je sais que nous ne sommes pas de
force, mais tâchons que l'adresse y sup-
plée ; si lady Aurea voulait se joindre à
nous, plus de doute pour le succès.
Ma charmante fille, ajouta Antonia,
quittez cet air boudeur, permettez
qu'un de vos délicieux sourires se place
sur votre jolie bouche, et je réponds
de la victoire ; il faudrait être plus
qu'un homme pour n'éprouver aucune
distraction en contemplant des charmes
aussi ravissans. — La feinte m'étant
tout-à-fait étrangère, mylady, il m'est

impossible de seconder vos désirs. Je vous conseille de vous en rapporter au hasard ; il en est quelquefois d'heureux : cet espoir est la consolation des êtres trop faibles pour combattre leurs adversaires et en triompher.

Depuis quelques jours mylord Elford paraissait très-préoccupé. Une teinte de chagrin semblait répandue sur sa belle et noble figure. Plusieurs fois il s'était approché de sa fille avec l'air de vouloir lui parler. Il jetait les yeux sur elle, la contemplait, et s'en éloignait à pas lents. Antonia, indignée de sa faiblesse, se hasarda à lui faire un signe décisif. Lady Aurea surprit ce coup-d'œil, et fixa sur elle un regard méprisant. Malgré son audace, mylady Elford rougit et eut peine à contenir son embarras. Lady Aurea se leva et ne la quitta de vue qu'en sortant du salon — Vous êtes faible comme un enfant. Ces mots prononcés par Antonia furent les seuls qu'entendit sa belle-fille; mais, en les ajoutant aux signes d'intelligence dont elle avait été témoin, c'en était assez pour lui faire présumer qu'il se tramait contre elle quelque obscur complot. Ses fâcheuses réflexions furent interrompues par une invitation de son père de revenir dans le salon. Mylord y était seul. Après quelques mots agréables, mylord entra en matière. — Le bonheur de mes enfans fut depuis leur naissance, dit-il, l'objet de ma sollicitude journalière. Baldwin m'a montré une ingratitude que je n'attendais pas de lui. Mais je suis bien sûr que sa sœur m'en dédommagera en remplissant mes désirs. — Tout ce qu'il me sera possible de faire pour vous prouver ma tendresse, sera exécuté à l'instant. — Bonne Aurea, ne craignez pas que je veuille exiger de vous aucun sacrifice. pénible : ce que je vous demande a pour objet de vous rendre heureuse. Peut-être le souvenir de l'espèce d'engagement trop légèrement contracté avec Henry Sackwill, vous fera trouver votre obéissance moins facile ; mais, en réfléchissant à l'impossibilité que cette union ait jamais lieu, puisque je ne permettrai pas que ma fille épouse un homme sur le compte duquel je n'ai pu recueillir que les plus détestables informations, je ne pense pas que, s'en rapportant à la tendresse et à l'expérience de son père, lady Aurea puisse concevoir l'idée de s'opposer à sa volonté. La peine que mylord Elford semblait éprouver à aborder le sujet qui l'intéressait, annonçait clairement le peu d'espoir qu'il avait de ne pas rencontrer d'obstacle. Lady Aurea attendait d'un air calme que son père s'expliquât. Mylord se recueillit un instant,

sans doute pour se donner le courage
de continuer. — Il serait bien difficile,
dit-il enfin, en s'efforçant de sourire,
que ma chère Aurea ne se fût pas
aperçue de la vive impression que ses
aimables qualités ont faite sur le cœur
de Cherubini. Ce nom, que mylord
avait trouvé tant de difficulté à prononcer, ne le fut pas plus tôt que, paraissant soulagé d'un énorme poids, il
continua avec une aisance qui contras-
tait visiblement avec son début. En devenant l'épouse d'un homme que j'aime,
que j'estime, et qui joint la naissance et
la fortune aux agrémens du corps et aux
charmes de l'esprit, lady Aurea assure
en même-temps son bonheur et celui de
son père. Car, n'en doutez pas, ma fille,
M. Cariati possède les vertus les plus
estimables. Je ne ferai pas valoir l'avantage qu'il a de tenir par les liens du
sang à mon adorable épouse : ce titre,

tout recommandable qu'il soit à mes yeux, ne serait pas suffisant pour lui confier le sort de mon Aurea, si, d'ailleurs, je n'avais pas acquis la plus intime conviction qu'il mérite, sous tous les rapports, la préférence que je lui ai accordée. Lady Aurea avait écouté son père avec une grande attention. Quand il cessa de parler, elle attendit quelques secondes avant de lui répondre. Ce qu'elle allait dire devant, suivant elle, terminer toutes discussions sur ce sujet, elle désira que non-seulement ses paroles, mais aussi le ton dont elle les prononcerait, ne laiss aucun doute, aucune incertitude sur la fermeté de sa résolution. — Je connais si bien, dit-elle, la tendresse de mon père, que je n'hésite pas à lui ouvrir mon cœur. Il est très-vrai que, forte de votre autorisation, je me suis livrée au penchant qui me portait vers Henry Sackwill.

Dès sa naissance je l'eusse étouffé si vous l'aviez ordonné; vous lui engageâtes ma main, et, en votre présence, mon père, nous nous jurâmes une fidélité éternelle. Je ne me regarde plus comme étant libre ; nos mutuels sermens, sanctionnés par mon père, ont été approuvés par le ciel. Vous êtes le maître, si telle est votre volonté, d'empêcher notre union ; mais elle ne peut être dissoute. — Ce raisonnement dans la bouche d'un autre me paraîtrait un véritable sophisme ; dans la vôtre, Aurea, je le considère simplement comme une erreur. Quand je donnai mon aveu au projet de mariage entre vous et Henry Sackwill, je lui croyais les qualités que j'exige dans l'époux de ma fille ; détrompé sur son compte, je remplis un devoir sacré en retirant ma parole. — Vous est-il prouvé, mon père, que M. Sackwill s'est rendu indigne de votre estime ? — On m'a donné des preuves de sa duplicité, tous deux nous avons été sa dupe. — En donnant accès aux rapports de certaines gens, on s'exposerait souvent à commettre une injustice. — Me croyez-vous capable de condamner quelqu'un sans raison ? — Pardonnez, mon père ; mais étant la partie la plus intéressée, je ne me croirai dégagée de ma promesse qu'après avoir une connaissance parfaite des torts imputés à M. Sackwill ; et alors . . ., ne pouvant porter en doute la bonté de mon père, j'ose lui avouer que ce ne serait pas sur M. Cariati que tomberait mon choix. Comme il ne dépend pas de nous de disposer nos cœurs à recevoir une impression plutôt qu'une autre, c'est absolument sans ma volonté que je me sens pour lui une répugnance invincible. — Avez-vous réfléchi, lady Aurea , à l'inconséquence de votre conduite? Vous refusez un homme qui vous convient sous tous les rapports, et ne donnez d'autre motif à votre refus qu'un ridicule caprice ! — Mon père, ne me retirez pas votre tendresse, parce qu'il m'est impossible de vous obéir, m'étant accoutumée à l'idée que je pourrais ne donner ma main qu'avec mon cœur; idée que vous avez daigné encourager en me promettant de ne jamais forcer mon inclination : depuis l'âge de raison, je me suis bercée d'une perspective de félicité qui ne se réaliserait pas dans l'union que vous me proposez. Ne me forcez pas à un sacrifice au-dessus de mes forces, et je promets de n'accorder ma main à personne. Heureuse de passer mes jours près de vous, je ne me plaindrai pas du sort. Mylord attendri releva sa fille, qui était à ses genoux, et, sans détruire ou encourager son espérance, il la congédia. Les choses en fussent demeurées là, si mylord Elford eût été seul l'arbitre du sort de lady Aurea; mais, influencé par celle à qui il ne pouvait rien refuser, il écrivit à sa fille, ne se croyant pas assez de force pour lui dire qu'elle ne devait plus compter sur son indulgence: « Je vous ordonne, lady Aurea, lui marquait-il, de recevoir les soins de M. Cariati. Votre union avec lui est invariablement arrêtée. Je vous accorde un mois pour vous y préparer. Comme toutes vos instances dans un sens contraire seraient superflues, je vous préviens que vous n'obtiendrez de moi aucune entrevue particulière, etc. » Lady Aurea répondit à son père. Son style, sans sortir du respect qu'elle lui devait, lui annonçait une ferme résolution de s'opposer par tous les moyens possibles à la conclusion d'un mariage qui lui serait odieux. La lettre lui revint sans avoir été ouverte. Le valet-de-chambre de mylord, cédant aux prières de lady Aurea, plaça la lettre toute ouverte sur le bureau de son maître. Antonia, qui épiait toutes les démarches de sa belle-fille, l'avait vue accoster Black et lui remettre un papier. Ce dernier se rendit immédiatement dans la chambre de mylord, et en ressortit aussitôt. Antonia s'y glissa et trouva la lettre, dont elle s'empara, sans en parler à personne; en sorte que lady Aurea fut persuadée que son père l'avait reçue.

Les assiduités de Cherubini, autorisées par mylord, devinrent tellement insupportables à lady Aurea, qu'elle feignit d'être malade pour s'y soustraire.

Le temps fixé s'étant écoulé, mylord Elford prévint sa fille, devant Antonia, Cherubini, et Rosalia, qu'il venait d'ordonner des préparatifs pour les fêtes qu'il voulait qui eussent lieu en l'honneur de son mariage. — Je supplie votre seigneurie de ne pas mettre mon respect et mon obéissance à une si rude épreuve. — Oseriez - vous vous soustraire à mon autorité ? — J'oserai en appeler à votre tendresse ; mon père, laissez-vous toucher par mes supplications : au nom du Ciel ! évitez de donner de la publicité à un refus que je suis décidée à faire, même aux pieds des autels. Ordonnez - moi tous les autres sacrifices, vous m'y verrez condescendre avec une aveugle soumission ; mais je jure de n'être jamais la compagne de l'homme assez peu délicat pour vouloir m'obtenir par des moyens que mon père, moins prévenu, désapprouverait lui - même. — Tant d'audace ne peut se concevoir, dit Antonia d'un ton furieux. Souffrirez-vous, mylord, que votre fille vous brave, et m'outrage avec si peu de mesure? — Je la forcerai de céder à ma volonté, qui n'a en vue que son bonheur.—Ah! mon père! combien vous gémirez un jour de votre aveuglement! — Ceci est une insulte directe, dit Antonia en se levant avec impétuosité: expliquez-vous, lady Aurea, je l'exige, je le veux. Nulle émotion ne parut sur la figure de la jeune personne, et, paraissant indifférente à tout ce qui avait rapport à sa belle-mère, elle adressa quelques mots à Rosalia; celle-ci, pâle et tremblante, osait à peine lui répondre.—Sortez, ma cousine, dit Antonia avec autorité à Rosalia. — Voulez-vous, miss Cariati, faire un tour de jardin? J'ai besoin de prendre l'air. Soit que mylord fût trop absorbé dans ses réflexions pour faire attention à ce qui se passait autour de lui, soit qu'il sentît la barbarie de sa conduite, le fait est qu'il laissa sortir sa fille avec Rosalia, sans faire aucun mouvement pour la retenir; par l'ordre d'Antonia, Cherubini suivit les deux jeunes filles, et revint peu d'instans après se plaindre de la manière incivile avec laquelle lady Aurea l'avait reçu. — Dès qu'elle m'a aperçu, dit-il, elle a quitté ma sœur, et est rentrée. — Si mylord ne me fait pas justice de tant d'outrages, il ne me restera d'autre parti à prendre que celui de retourner en Italie, où je me retirerai dans une maison religieuse, pour y déplorer la faiblesse d'un homme qui m'aimait assez peu pour me sacrifier à l'orgueil d'une fille dénaturée. — Chère Antonia, n'achevez pas de m'accabler, et dites-moi ce que je dois faire? — Savoir vous faire obéir. — Aurea a du caractère, elle fera ce dont elle nous a menacés. — On peut s'en garantir en la mariant secrètement. — Ce moyen répugne à mes sentimens. — S'il en existait un autre pour rendre votre fille heureuse malgré elle-même, je vous dirais de le préférer. Il n'est donc aucun frein à la faiblesse d'un homme qui s'est une fois laissé maîtriser par ses passions. Elles sont toutes redoutables par les excès dont elles rendent coupables ceux qui s'y livrent aveuglément. Cependant je pense que l'amour est la plus dangereuse, quand l'objet qui l'inspire n'a d'autre but que celui de satisfaire son orgueil et sa haine. Mylord Elford, connu et cité pour le modèle des pères, devient, sans peut-être s'en douter, le plus dur et le plus injuste. Une femme seule a opéré ce changement, et une femme qu'il avait pour ainsi dire rejetée de sa maison. Nous n'étendrons pas nos réflexions sur une bizarrerie qui n'offre qu'une obscurité profonde.

Mylord Elford avait d'abord refusé de marier sa fille à l'improviste et sans d'autres témoins que ceux indispensablement nécessaires. Bientôt en opposition avec ses principes, il céda aux instances de celle qui disposait de toutes ses volontés. Les arrangemens étaient pris, le prêtre gagné, et le jour fixé; on s'attendait à des difficultés, mais on était décidé à les surmonter.

La veille, lady Aurea, sans aucune défiance, projeta de faire une longue promenade qu'elle dirigea d'abord vers une jolie petite maison habitée par la nourrice de Baldwin. La demeure et les dépendances étaient un présent de monsieur Elford. Mistress Mackinson n'était point une femme commune, quoiqu'elle eût épousé un paysan. Elevée avec la fille d'un riche marchand de la Cité, elle avait reçu et profité des leçons que différens maîtres avaient données à sa jeune maîtresse. Lady Aurea l'aimait beaucoup, et passait peu de semaines sans aller la voir. Sa conversation n'avait pas perdu ce qu'on apelle le vernis de la bonne société. Ses enfans, qui n'avaient rien appris que par elle, passaient pour des demi-*gentlemen*. Leurs camarades n'osaient les traiter avec familiarité, cependant ils n'étaient ni fiers ni orgueilleux ; et comme leurs parens jouissaient, grâce aux bienfaits de Baldwin, d'une certaine aisance, leur plus grand honheur était de faire part aux autres d'une partie des largesses de leur protecteur.

Au moment où lady Aurea se disposait à quitter Grenwood-House (nom de la petite habitation de mistress Mackinson), la porte souvrit, et l'on vit entrer Baldwin, soutenu d'un côté par Henry Sackwill, et de l'autre par Richard, domestique du jeune Elford. En apercevant son frère, dont la pâleur et la faiblesse annonçaient un état de maladie, lady Aurea fit un cri d'effroi ; elle aurait voulu voler vers lui , mais ses forces l'abandonnèrent, elle retomba sur son siège presque sans sentimens. On conduisit Baldwin auprès de sa sœur. — Lady Aurea se trouve mal, dit Henry en tâchant de soutenir en même temps le frère et la sœur. Mistress Mackinson et ses deux filles se hâtèrent de procurer des secours à la fille de mylord Elford. Elle revint promptement à elle. — Mon cher Baldwin, dit-elle avec la plus vive anxiété, qu'avez-vous ? que vous est-il arrivé ? mon inquiétude est inexprimable. — Calmez-vous, chère Aurea. Je suis encore faible, mais mon état n'a rien de dangereux. Je suis en convalescence. — Vous avez donc été bien malade ?—

Seulement la suite d'une blessure. — D'une blessure, grand Dieu !— Dont je suis à-peu-près guéri. — Au nom du ciel, Baldwin, dit Henry, reposez-vous un moment avant de parler ; si lady Aurea le permet, je lui rendrai compte de ce qu'elle désire apprendre. Avant tout, Richard, faites boire à votre maître cet élixir qu'a ordonné le docteur. Lady Aurea, le regard fixé sur son frère, cherchait à lire dans ses yeux si effectivement le danger était passé ; elle tenait une de ses mains dans les siennes, qu'elle tâchait de réchauffer. On apporta un fauteuil ; dès que Baldwin y fut placé, son ami commença le récit que lady Aurea brûlait d'entendre.

Vous savez, lady Aurea, les raisons qui firent quitter Splendent-Castle à mon ami : une lettre de mylord Elford, adressée à mon père. — Je sais, monsieur, dit lady Aurea en voyant le nuage de tristesse qui se répandait sur les traits du jeune homme ; mylord m'en a parlé. — Oserai-je vous demander, madame, quelle fut votre opinion sur..... un changement.... — J'avouerai que ce ne fut pas sans chagrin que j'appris les nouvelles dispositions de mon père. — Mille et mille grâces vous soient rendues, adorable Aurea, pour votre bonté; ah! j'avais grand besoin d'être rassuré. En nous quittant, mon ami me promit de me donner de ses nouvelles, et me tint sa promesse. Il se trouva à plusieurs affaires, et eut le bonheur de n'être pas blessé; mais à la dernière qui nous valut la plus éclatante victoire , mais où nous perdîmes une immense quantité de braves, Baldwin reçut plusieurs blessures graves, et eut le bras gauche cassé. Richard, que je prie le ciel de récompenser pour cette preuve d'attachement à son maître et à moi, Richard m'écrivit pour me faire part de la fâcheuse situation de mon ami. Aussitôt que sa lettre me parvint, je donnai des ordres pour mon départ immédiat; puis, je communiquai la triste nouvelle à mes parens; loin de me détourner du projet d'aller rejoindre Baldwin, ils y applaudirent. La conduite étrange de mylord Elford n'avait rien diminué de l'attachement que leur avait inspiré son fils. Avant la fin du jour j'étais en route, et je fus assez heureux pour ne rencontrer aucun obstacle. Mon voyage se fit avec la plus grande célérité; pour gagner la ville dans laquelle votre frère avait été porté, il me fallut traverser le camp. Plusieurs formalités indispensables dans un état de guerre, auraient pu ralentir ma marche : heureusement mon frère, qui commande un détachement, occupait la partie que j'avais à parcourir ; il me fit accompagner par quelques cavaliers jusqu'à M***. Je trouvai Baldwin dans un état alarmant. Une fièvre ardente le dévorait, et depuis plusieurs jours le délire ne l'avait pas quitté. Hors de moi, je m'informai au chirurgien qui le traitait s'il avait perdu l'espérance de sauver mon ami. — Non-seulement, me dit-il, je le sauverai, mais j'espère qu'il guérira radicalement. Rendu, pour ainsi dire, à la vie par ces consolantes paroles de l'Esculape, je le pressai contre ma poitrine. Je ne rougis pas de vous avouer, lady Aurea, que je me mis à pleurer. L'excès de la douleur n'avait point excité mes larmes, et l'excès de la joie me rendit faible comme un enfant.... — Cette marque de votre attachement pour mon frère ajouterait à mes sentimens pour vous, si déjà........ Au lieu de terminer sa phrase, lady Aurea, en rougissant beaucoup, pria Henry de continuer son récit. Le jeune Sackwill osant deviner ce qu'elle n'avait pas voulu dire, saisit sa main, la pressa contre son cœur, et la porta à sa bouche. Après un instant de doux recueillement, il poursuivit : — L'espoir que m'avait donné le médecin ne fut pas déçu : Baldwin recouvra peu-à-peu la santé, mais sa faiblesse était toujours extrême ; dès qu'il se sentit la force de pouvoir supporter un voyage, le docteur lui conseilla de partir, lui assurant que l'air natal achèverait la cure. Sans doute la maison de son père devait être naturellement l'asile le plus convenable ; mais vous savez, lady Aurea, qu'il n'y trouverait aucun genre de repos. La certitude de vous voir quelquefois l'a décidé à venir habiter ce séjour, ne doutant pas que les honnêtes créatures qui y demeurent ne consentent à lui accorder l'hospitalité. Mistress Mackinson remercia cent fois son nourrisson de la bonté qu'il avait eue de donner la préférence à Greenwood-House. — Où pourriez-vous être vu avec plus de plaisir, et soigné avec plus de soin, dit-elle avec attendrissement, que parmi ceux qui vous doivent toute la félicité dont ils jouissent! Aussitôt un excellent lit fut dressé dans une jolie chambre, et Baldwin, se trouvant fatigué de la route, se coucha pour goûter un repos dont il avait besoin. Henry Sackwill fit part à la sœur de son ami du projet qu'il avait de partir le lendemain matin pour Splendent-Castle. Je sera de retour avant douze jours: alors Baldwin sera en état de prendre un parti, et de me donner de salutaires conseils. Lady Aurea approuva Henry, et lui promit de visiter son frère presque tous les jours.

CHAPITRE XVII.

De retour au château, lady Aurea se retira dans sa chambre pour se livrer librement à ses tristes réflexions. Combien il lui sembla douloureux de voir son frère, l'unique héritier de la noble famille dont ils étaient issus, réduit à la nécessité de chercher un asile hors de la maison de son père, surtout dans un moment où les soins de tendres parens lui seraient si utiles ! Ne pouvoir elle-même veiller à la conservation des précieux jours de Baldwin, était pour son cœur le tourment le plus affreux. Elle n'était pas encore remise des différentes émotions qu'elle avait éprouvées dans la matinée, quand on vint l'appeler pour le dîner. Elle trouva tout le

monde rendu dans la salle à manger ; il
y avait de plus qu'à l'ordinaire deux
étrangers : l'un paraissait un ecclésias-
tique, l'autre un homme de peu de chose.
Son père lui fit un accueil très-froid ;
Antonia lui lança des regards dédaigneux ; Cherubini ne la quittait pas de
vue, et un sourire ironique accompa-
gnait chacune des paroles qu'il lui
adressait ; quant à Rosalia, depuis long-
temps on ne s'en occupait plus. Ses
yeux continuellement baissés, son embarras quand lady Aurea lui parlait,
car c'était la seule qui parut la remarquer, tout dans son maintien annonçait la crainte, la tristesse et l'humiliation. La conversation fut languissante ;
quelques monosyllabes échangés entre
mylord, mylady et les étrangers, rem-
plirent le temps du repas. Après le
dîner, lady Aurea, au lieu de passer
dans le salon suivant sa coutume, des-

cendit au jardin. Rosalia voulut la suivre, mais sa cousine le lui défendit.
Cherubini fut joindre lady Aurea ; dès
qu'elle l'aperçut, elle fit un détour et
rentra. Mylord fit dire à sa fille qu'ayant
des affaires à traiter avec les étrangers,
il la dispensait de paraître à l'heure du
thé. Ce fut un soulagement pour elle.
Hélas ! qui lui eût dit qu'un jour elle
se réjouirait de n'être pas appelée en
présence de son père, elle n'aurait
jamais pu le croire.

Il était onze heures, tout était calme
au château ; lady Aurea se disposait à
se coucher, quand elle entendit gratter
doucement à sa porte. — Ouvrez, je
vous prie, lady Aurea, dit une voix
que la sœur de Baldwin reconnut pour
celle de Rosalia : il faut absolument
que je vous parle. — Ne pouvez-vous
attendre jusqu'à demain matin ? je
vais me mettre au lit. — O non,

non ! ce que j'ai à vous dire nécessite une prompte entrevue. Au nom de vous-même, ouvrez vite. Dès que Rosalia fut entrée, elle joignit ses mains, et supplia lady Aurea de ne pas coucher au château. — A quatre heures, on viendra vous chercher pour vous conduire à la chapelle, où vous serez mariée à mon frère. — Je n'y consentirai pas. — On s'y attend, mais peu importe que vous disiez *oui* ou *non*, la cérémonie ne s'en fera pas moins. — Et mon père permettrait.... — Il permettra tout quand sa femme le voudra. — Je ne puis croire à votre étrange assertion. — O lady Aurea, croyez-y pour l'amour de vous-même. Tout est disposé, l'acte est fait, et, si vous ne voulez pas signer de bonne volonté, mylady se charge de conduire votre main. J'ai entendu tous ces détails de la bouche même de.... ma cousine : ma présence lui semble tellement insignifiante qu'elle parle devant moi avec autant de confiance que si je n'avais ni oreilles ni yeux. — Je requerrai l'assistance des étrangers qui sont au château. — L'un est un pauvre ministre, c'est lui qui fera la cérémonie; l'autre est un protégé de mylady, dont la présence est nécessaire. — Je prendrai les valets à témoin de la violence qu'on osera employer. — Il n'y en a plus un seul ici qui vous soit dévoué : mylord a fait partir ce soir mistress Thoresby pour Londres, sans lui permettre de vous voir; Smith, le portier, a été renvoyé une heure après, ainsi que le groom William; et l'honnête Black a reçu de son maître une commission qui l'éloigne de Battlement-House pour deux semaines. Le reste des domestiques est entièrement vendu à vos persécuteurs. — Et vous me conseillez de quitter furtivement la demeure de mon père? — Je fais plus, mylady, je vous en prie en grâce. — Qui m'assure que vous êtes de bonne foi, et que votre projet n'est pas de me faire faire une fausse démarche? — Hélas! vous êtes autorisée à vous défier de moi : que puis-je faire pour obtenir que vous ayiez confiance dans mes paroles? — Je vous offense, peut-être, par d'injustes soupçons; mais je me trouve excusable quand je pense que vous êtes la parente de ma plus mortelle ennemie, et la sœur d'un homme qui m'est odieux. — Oh! oui, mylady est bien excusable. Hélas! tout peut vous donner de moi la plus affreuse opinion; cependant je ne suis pas coupable, et mon dévouement à vos intérêts est sincère et entier. — Que feriez-vous à ma place, Rosalia? — Avant une heure j'aurais quitté le château. — Où dois-je, où puis-je aller?

— N'avez-vous dans les environs aucune personne qui consente à vous donner asile? — Parmi les honnêtes gens aucun ne voudrait me recevoir à l'insu de mylord. — En confiant la légitimité de votre motif? — Impossible, il me faudrait faire connaître la faiblesse de mon père, et jamais je ne la divulguerai.—Songez, lady Aurea, que si vous restez, rien ne pourra vous soustraire à l'hymen que vous avez en horreur. Mylady a su persuader à son époux qu'il était de son devoir de vous forcer à devenir heureuse : la tendresse de mylord pour son estimable fille est un moyen triomphant que sa femme n'a pas laissé échapper.— Il suffit, Rosalia ; laissez-moi seule réfléchir à la conduite que je dois tenir : si je me décide à quitter momentanément le château, je le ferai sans vous en prévenir, afin que vous puissiez dire avec assurance que

vous ignoriez mon projet. Je vous remercie du zèle que vous avez mis à
m'apprendre mon danger. Comme une
bonne action porte sa récompense avec
elle, votre cœur se chargera d'acquit-
ter ma reconnaissance. Rosalia baisa la
main que lady Aurea lui avait tendue,
et elle se retira.

Aucun doute sur ce que lui avait dit
miss Cariati ne vint adoucir la rigueur
du sort de lady Aurea. L'ascendant
qu'Antonia avait pris sur son époux
n'était pas un problême; depuis son mariage, toute la conduite de mylord l'at-
testait. Il lui était horrible de fuir,
mais il lui paraîtrait encore plus affreux
d'avoir à lutter contre une violence or-
donnée par son père. L'arrivée de son
frère à Greenwood-House était une
circonstance favorable : en y allant elle-
même, elle aurait le double avantage
de veiller à la santé de Baldwin, et de

rester cachée tout le temps qu'on le croirait nécessaire. Elle écrivit à mylord une lettre courte et respectueuse, quoiqu'elle lui rendît compte de la raison d'une absence qui cesserait du moment qu'elle pourrait se croire à l'abri d'aucun danger sous la protection de son père. Entre minuit et une heure, elle sortit du château. La certitude de ne faire que ce que la vertu la plus rigide ne pourrait pas blâmer, ne la préserva pas d'éprouver un tremblement insurmontable en s'éloignant d'un lieu qu'elle n'avait pas pensé devoir jamais être forcée de fuir. Malgré que la distance de Battlement-House à Greenwood-House fût fort courte, elle fut plus d'une heure à la franchir. L'appréhension de réveiller son frère l'engagea à frapper très-doucement. Cette précaution fut cause qu'elle resta long-temps à la porte. Le jour commençait à paraître, quand Mackinson, sortant pour se rendre à quelques milles où ses travaux l'appelaient, fut fort surpris en trouvant lady Aurea assise sur le banc de pierre qui bordait la maison. Il fut au désespoir de n'avoir pas deviné que la jeune dame était à la porte ; elle le pria de ne faire aucun bruit, et d'aller à ses occupations. Personne n'était encore levé ; elle s'assit dans le parloir. Quelques larmes vinrent soulager son cœur. Sa démarche était tellement en opposition avec ses principes, qu'elle se reprochait de l'avoir faite : « Rosalia n'a pas rendu justice à mon père, pensait-elle, il est incapable de souffrir qu'on use de violence envers sa fille. Peut-être ne voulait-on que m'effrayer...... » Mais quand elle repassa dans son esprit les diverses circonstances dans lesquelles mylord n'avait pu résister à la volonté de sa femme, elle admit la possibilité qu'on fût dans l'intention d'agir avec elle comme Rosalia le lui avait annoncé. Elle était absorbée dans ces douloureuses réflexions, quand mistress Mackinson, qui ne s'attendait pas à la trouver, entra dans le parloir ; il lui échappa une exclamation de joie que l'air affligé de lady Aurea fit bien vite cesser. La fille de mylord Elford avait toute confiance dans la nourrice de son frère, elle lui fit part de l'horrible situation où elle se trouvait. — Restez ici, chère lady Aurea. Personne ne soupçonnera que vous y êtes ; mais si l'on vous y découvrait, qui oserait vous blâmer ? vous y êtes sous la protection de M. Elford, et avec des gens qui, grâce au ciel, jouissent de l'estime générale. Lady Aurea demanda des nouvelles de son frère. — Quand il s'est couché hier soir il nous a assurés qu'il se trouvait fort bien. En causant, le

temps s'écoula, et Richard vint demander à mistress Mackinson une tasse de
lait que son maître désirait; étonné
de voir lady Aurea, il allait se retirer,
mais elle l'arrêta pour le charger de demander à Baldwin s'il voulait la recevoir. Il revint sur-le-champ dire que
que M. Elford priait lady Aurea de
monter. Baldwin applaudit à la conduite de sa sœur. Tous deux espérè-
rent que mylord, convaincu de l'invincible répugnance de sa fille pour l'hymen qu'on voulait lui faire contracter,
sentirait la nécessité d'y renoncer. Sans
doute cela eût été comme ils s'en flat-
taient, si l'implacable Antonia n'eût
pas usé de son influence sur toutes les
facultés d'un homme qu'elle avait entièrement subjugué.

Rosalia n'en avait imposé sur rien à
lady Aurea. Tout était disposé, ainsi
qu'elle l'avait dit, pour unir, la nuit

même, la fille de mylord Elford à Cariati.

A quatre heures, Rosalia entendit
quelques mouvemens ; ignorant si lady
Aurea avait suivi son conseil, elle se livra à l'inquiétude ; l'oreille collée à sa
porte, elle prêtait la plus grande attention à ce qui se passait dans le château. Bientôt elle distingua la voix d'Antonia. —Elle a fui avec un amant, di-
sait-elle ; sans doute avec ce misérable
Sackwill. On m'a assurée qu'on l'avait
vu hier dans les environs de Greenwood-House ; ces Mackinson auront
facilité cet enlèvement. — Je ne puis
le croire, répondit mylord ; Aurea est
incapable d'une démarche aussi hardie.
Rosalia pensa avec joie que son avertissement avait sauvé lady Aurea. Elle
ouvrit sa porte pour mieux entendre.
La lettre qu'avait laissée lady Aurea
fut trouvée par un valet qui l'apporta

à son maître : en la lisant, mylord parut touché. Antonia, qui ne perdait jamais son sang-froid et sa présence d'esprit, prit un air calme, et, du ton de la douceur, elle demanda à son mari si la lettre de sa fille contenait des choses qu'elle ne dût pas savoir. — Est-il rien au monde que je voulusse dissimuler à mon adorable Antonia, et puis-je avoir rien de caché pour elle? il lui passa la lettre de sa fille. — Qui donc l'a si bien instruite? Mylord, il y a des traîtres dans cette maison. — Cependant vous avez éloigné ceux que vous soupçonniez capables d'indiscrétion.— Certainement quelqu'un a prévenu votre fille; je vais tâcher de connaître le coupable. Les enquêtes d'Antonia furent inutiles. Le secret avait été fidèlement gardé par tous les initiés. Fort éloignée de soupçonner Rosalia, elle ne songea seulement pas à lui faire de question. Mylady envoya un de ses affidés prendre des informations dans les environs de Greenwood-House : on lui rapporta qu'il était arrivé la veille une chaise de poste, de laquelle étaient descendus deux *gentlemen;* un domestique à cheval escortait la voiture. Il parut hors de doute à Antonia que la fuite de lady Aurea ne coïncidât avec l'apparition de ces étrangers. Elle courut faire part à son mari de cette découverte. — Je vais me rendre à Greenwood, lui dit - elle ; je forcerai les Mackinson, avec des menaces, de m'avouer la vérité, et de m'apprendre où votre fille s'est retirée. — Je vous accompagnerai, ma charmante amie, ces gens oseront moins me résister qu'à vous. Une voiture légère les conduisit à Greenwood-House. Lady Aurea les vit venir de la fenêtre ; son frère et elle ordonnèrent que mylord et mylady fussent reçus sans difficulté, et conduits à la chambre du blessé. — Lady Aurea est-elle ici ? demanda l'époux d'Antonia. — Oui, mylord. — Je veux la voir à l'instant. — Si votre seigneurie veut prendre la peine de monter, dit mistress Mackinson, elle en est la maîtresse. Mylord donna la main à sa femme, et la dernière ouvrit brusquement la porte de la chambre ; Baldwin était étendu sur une chaise longue, et sa sœur travaillait à côté de lui. La surprise de mylord, et le *désapointement* d'Antonia, se manifestaient de la même manière. — *Baldwin !* s'écrièrent-ils ; à cette exclamation se joignit une stupéfaction totale. Lady Aurea se jeta aux pieds de son père. Pardonnez, lui dit-elle, un tort que je n'ai commis que pour vous épargner l'affreux spectacle d'une violence que vous vous seriez souvent reprochée. Sans regarder sa fille, mylord demanda à Baldwin pourquoi il se trouvait à Greenwood? — Ayant été dangereusement blessé, et ne pouvant recevoir en pays étrangers les secours que nécessitait mon état, je suis repassé en Angleterre. — Etait-ce donc ici que vous deviez vous rendre? — Le repos et la tranquillité m'étaient ordonnés. — Et vous n'êtes venu que pour détourner votre sœur de la soumission qu'elle me doit? — Oh! n'ayez pas cette idée, s'écria lady Aurea; mon frère ne se doutait certes pas que je serais forcée de fuir la maison paternelle, je ne l'eusse pas cru moi-même il y a vingt-quatre heures.—Quel motif vous à donc fait changer de sentimens en si peu de temps? demanda Antonia.—Vous me faites là, mylady, une question fort étrange; au reste, c'est la bonté et l'indulgence de mon père que j'implore; c'est à lui seul que je m'adresse. — Levez-vous , ma fille. Votre démarche est très-répréhensible, mais mon cœur ne peut être inexorable envers mes enfans. — Ne doutez pas , lady Aurea, se hâta de dire Antonia , que mon époux ne trouve une grande satisfaction à vous pardonner ; revenez avec nous , ma chère fille. Votre absence nous est insupportable. — C'est pousser trop loin la.... politesse ; en vérité, mylady, je ne vous croyais pas tant....... d'attachement pour moi. Cette étonnante découverte me donne l'espoir que vous me seconderez pour obtenir de mon père qu'il renonce au fatal projet de m'unir à l'homme que je déteste. Ce point accordé, je n'hésite pas, tel sort qui m'y attende, de retourner à Battlement-House. — Des conditions avec un père offensé? vous n'y pensez pas, lady Aurea. Mylord sans doute ne consentira pas à ployer sous le joug de sa fille. Soyez plus.... généreuse, reconnaissez vos torts, et promettez de les réparer. — Puis-je espérer, dit Baldwin, que mon père voudra bien m'accorder une entrevue particulière? — Mylord m'honore de son entière confiance : ma présence ne peut donc lui paraître importune, dit fièrement Antonia. — Elle l'est beaucoup à moi, madame. Ceci ressemble à l'excès du despotisme. — Arrêtez, Baldwin, un mot de plus, et je vous exile de ma vue pour jamais ; chère Antonia, permettez-moi d'entretenir mon fils durant quelques minutes. — Vous voulez donc, mylord, les autoriser à me braver ! Ne voyez-vous pas qu'ils sont ligués contre moi ; ils ne peuvent me pardonner de faire votre bonheur. — Femme perverse, vous connaissez la fausseté de cette odieuse assertion. Antonia se leva avec vivacité. — Je ne

croirai de ma vie, mylord, à votre amour,
si vous restez en ce lieu une seconde
de plus ; et elle s'élança vers la porte.
— Au nom de mon amour, chère Antonia, ne me rendez pas responsable
du tort de mes enfans. — Vous savez
bien que ce mot suffit pour désarmer
ma colère. Parlez, mylord, qu'exigez-
vous de ma tendresse ? — Que vous
leur pardonniez, et que la plus douce
intelligence règne de nouveau entre
nous. — Mylady va vous le promettre,
et vous aurez la bonté de le croire.
Excusez-moi, mylord, si j'insiste pour
que vous rassuriez ma sœur. Votre
parole seule fera cesser ses craintes.
Dites-lui, ô, daignez-lui dire, qu'il
ne sera plus question de l'hymen auquel elle préférerait la mort. —Jamais
l'intention de votre excellent père n'a
été de rien exiger de ses enfans qui ne
soit raisonnable. — Mon père, que

votre bouche prononce : serai-je délivrée des importunités de Cherubini? — Peut-être faudra-t-il pour vous plaire, dit mylady avec un ton de colère, le bannir du château : ne l'espérez pas; mon époux l'estime, il est de ma famille, qui oserait projeter son exil? Mylord rencontra les yeux de mylady; sans doute il y lut le mécontentement, ce fut un stimulant pour écarter toutes marques de tendresse. — Je vous ordonne, lady Aurea, de me suivre à Battlement-House : oseriez-vous me résister? — Je l'oserai, dit-elle en fondant en larmes, si mon sort doit être mis à la disposition de mylady. — Ignorez-vous que mylord a le droit de sévir contre un enfant rebelle. — Aucun de nous ne conteste à mylord l'étendue de ses droits, dit avec fermeté Baldwin, mais vous n'avez, madame, que ceux que vous usurpez; et, comme frère de votre victime, je la prends sous ma protection. Vous me forcez à agir contre mes principes. Si je manque au respect que je dois à mylord, c'est vous qu'il faut en accuser. Lady Aurea restera ici, à moins que l'on ne l'en arrache; et, dans ce dernier cas, les lois décideront si l'étrangère qui voudrait s'emparer de la fortune de toute une famille par des moyens que l'honneur réprouve, a le droit de disposer, par d'odieuses violences, de la main de sa belle-fille. Le prêtre, les témoins et les valets complices de cette atrocité, seront appelés devant les tribunaux. Votre présence, mylady, y sera nécessaire. J'y ferai paraître aussi le marquis de Bozzolo, votre tuteur. A peine ces derniers mots furent prononcés, qu'Antonia se livra à toute la violence de son caractère. Hors d'elle-même, on la vit menacer alternativement son mari et ses enfans ; elle appela, dans son accès de furie, tous les genres de malédictions sur ceux qui s'opposaient à sa volonté : tel un torrent dévastateur détruit, brise tout ce qui se présente pour arrêter sa course désordonnée. Mylord lui-même fut effrayé, et cherchait à calmer Antonia : n'entendant ou n'écoutant rien, les paroles les plus injurieuses et les plus insensées sortaient impétueusement de sa bouche. Vainement on aurait cherché sur ce visage devenu pourpre, dans ses yeux hagards et enflammés, sur ses lèvres recouvertes d'une salive épaisse, les traits charmans qu'on y admirait un instant avant. Enfin, exténuée et presque suffoquée, elle tomba sur un siège. Si des convulsions n'avaient pas attesté son existence, on aurait cru qu'elle ne respirait plus. Mylord se précipita à ses genoux, où il fit et dit mille extravagances. La présence de ses enfans, cause de l'état affreux où se trouvait sa bien-aimée, lui devint insupportable. — Eloignez-vous, leur dit-il d'un ton furieux : que je ne vous voie jamais, vous m'êtes en horreur. Baldwin se leva avec peine de sa chaise longue, et, aidé par sa sœur, il sortit de la chambre. La guérison de son père lui paraissant impossible, ou au moins fort éloignée, il proposa à sa sœur de quitter sur-le-champ Green-wood-House. — Guidez-moi, mon cher Baldwin, dit-elle presque morte de saisissement et de frayeur; je suis incapable de savoir ce que je puis et dois faire. Emmenez-moi, si vous le jugez convenable, je vous suivrai aveuglément; mon esprit est si troublé que je ne puis même penser. Richard reçut l'ordre d'atteler les deux chevaux à la chaise qui avait amené Baldwin. Le frère et la sœur, en partant, promirent à mistress Mackinson de lui donner de leurs nouvelles ; et, avant qu'Antonia fût revenue à la raison, lady Aurea et Baldwin avaient déjà mis plusieurs milles entre eux et Greenwood-House.

——

CHAPITRE XVIII.

— Où est votre fille, mylord? demanda Antonia, dès qu'elle put parler. —Je l'ai fait éloigner, ainsi que son frère, de crainte que leur présence ne vous fût désagréable. — Sûrement vous ne laisserez pas lady Aurea sous la protection d'un jeune fou? — Mon intention, ma bonne amie, est de la ramener à Battlement-House.— Partons, mylord; éloignons-nous de cet abominable lieu. Le souvenir de la scène horrible qui vient de se passer pèsera toujours sur mon cœur. Défendez, je vous prie, qu'aucun des habitans de cette odieuse maison paraisse jamais devant mes yeux. — Ame de ma vie, vous serez obéie. Reprenez ce calme qui sied si bien à votre beauté. Venez, ma bonne et tendre amie. En descendant, mylord ordonna qu'on avertît sa fille qu'ils allaient monter en voiture. Mistress Mackinson s'avança : — Lady Aurea, mylord, s'est mise en route avec M. Elford, il y a plus d'une heure. — Ils sont partis ! s'écria Antonia en grinçant des dents, et serrant si fortement la main de son mari qu'elle tenait, qu'il en ressentit une vive douleur. Et vous souffrirez, homme faible, qu'ils manquent ainsi aux devoirs les plus sacrés? — Que voulez-vous que je fasse, mon amie? — Que vous envoyiez tous vos gens après eux, et qu'on vous les ramène morts ou vifs. — Nous n'avons ici que notre cocher. Retournons à Battlement - House, nous enverrons de là à leur poursuite, et, si vous l'exigez, j'irai moi-même. Mylady lança un regard foudroyant sur mistress Mackinson et ses enfans, et, montant dans le carrosse, elle ordonna au cocher de voler au château.

Vingt personnes parcoururent différentes routes sans recueillir le plus léger indice. Le seul garde-chasse avait suivi les traces des fugitifs; mais, ayant des obligations à lady Aurea, il rendit le même compte que les autres. Cherubini témoigna beaucoup d'humeur à sa cousine; il l'accusait de s'y être mal prise. Quant à Rosalia, sa plus grande occupation était de cacher la joie qu'elle éprouvait.

Pendant quelques jours mylord fut triste et pensif. Peut-être une lueur de raison allait lui découvrir l'abjection du rôle qu'on lui faisait jouer. Antonia devina combien ses réflexions lui seraient funestes; il n'était pas temps de secouer un joug qui lui pesait beaucoup. Reprenant le masque enchanteur

qui la rendait charmante, son faible
époux se rattacha plus fort que jamais
à sa chaîne. Enfans, devoir, tout fut
oublié, et le bonheur sembla renaître
dans le ménage.

Une lettre d'Italie que mylady reçut
parut lui occasionner quelque peine.
— Me pardonnerez-vous, mylord, dit-
elle, si je ne vous la montre pas? elle
traite uniquement d'affaires d'intérêts
qui n'ont aucun rapport à votre seigneurie : mon Adolphe sait bien que
je n'ai rien de caché pour lui; cependant je le prie de ne pas me demander
à voir ce qu'on m'écrit. — Vous êtes
la maîtresse, ma chère Antonia. Ma
confiance en vous est sans bornes. Je
n'ai ni curiosité ni inquiétude sur ce
mystère : mylord avait conservé son
air habituel, et il était facile de voir
que c'était sans humeur qu'il avait ré-
pondu. — Vous êtes mécontent, my-

lord, voilà ce que j'ai prévu. Au nom du ciel! ne portez aucun jugement qui me soit défavorable. — Je vous proteste, Antonia, que je ne songe pas à vous en vouloir d'un secret que vous croyez sans doute nécessaire de garder. — Ce ton froid et cette apparente indifférence me prouvent que vous n'êtes pas satisfait. — Je vous jure. — Eh bien! mylord, lisez-la cette lettre que je ne voulais vous cacher que pour vous épargner du chagrin; car amour, plaisir et peine, tout est commun entre nous. — Je ne consens à prendre lecture de ce papier que pour vous obéir. Après avoir lu, mylord rendit la lettre.

— Le feu, à ce qu'il paraît, mon amie, a fait un dégât considérable; il faut le faire réparer. — Vous avez vu qu'on l'estime à six mille livres sterling. Je vais écrire pour ordonner la vente d'un autre bien. Mes revenus, dont j'ai tou-

ché une partie, ne suffiraient pas. —
Gardez-vous-en bien. Je donnerai l'ordre à mon banquier de faire passer six
mille livres st. à la personne que vous
m'indiquerez.— Je ne le souffrirai pas ;
non, mon bien-aimé, je ne le souffrirai
pas. Ne suis-je pas assez riche pour
faire, sans me gêner, ce léger sacrifice.
— Vous venez de dire, ma chère mylady, que vous aviez touché une partie
de votre revenu. Nous étions convenus
cependant que vous laisseriez toute
votre fortune entre les mains du marquis de Bozzolo, à l'effet de rendre très-
riche l'héritier que le ciel accordera
sans doute à nos vœux. — Vous me
voyez embarrassée comme une coupable, dit Antonia, en se couvrant le
visage de sa main. Hélas ! c'est encore
de ma part un mystère inexcusable.
Pardonnez-moi, mon ami, de vous
avoir caché que je fais une pension

considérable à une de mes parentes. Elle est mère d'une nombreuse famille, et a perdu toute sa fortune dans les affreux évènemens arrivés dans ma patrie. Son mari, mon cousin, a été tué à la tête d'un régiment dont il était colonel. — Je ne vois de mal dans cette action que le tort de m'avoir frustré de partager un plaisir avec vous. Au reste, cette circonstance serait un motif de plus pour envoyer promptement les six mille livres sterling. Faut-il les adresser à votre tuteur ? — Je m'en garderai bien : le marquis de Bozzolo n'est ni généreux ni sensible ; il me blâmerait, et ne ratifierait pas mon engagement. Que votre banquier, puisque vous le voulez absolument, envoie la somme à son correspondant de la ville de Padoue. De mon côté, je ferai passer sa lettre-de-change à mon homme d'affaires, qui en touchera le montant, fera tout réparer, et n'en parlera pas au marquis. Les désirs d'Antonia furent fidèlement remplis.

Cherubini ayant pris l'Angleterre dans la plus grande affection, se proposa d'y occuper une place. Sa cousine lui conseilla de préférer le service militaire; quelqu'un lui avait parlé de la possibilité d'y entrer d'une manière digne de sa naissance ; avec un gros sacrifice, il pouvait débuter par être colonel. Cariati aurait été charmé de l'heureuse occasion ; mais, hélas! il ne pouvait dans le moment en profiter : n'ayant d'argent que ce qui était nécessaire à sa sœur et à lui, ne se doutant pas qu'il en aurait un besoin extraordinaire, il avait, de concert avec Rosalia, placé l'excédant de ses revenus. — J'ose croire, mon cher Cherubini, dit mylord, que vous ne refuserez pas que je vous fasse l'avance de la somme qu'on

demande?—Je l'accepterai avec reconnaissance si ce prêt ne cause aucune
gêne à votre seigneurie. Cariati fit un
effet à mylord, et, muni d'un mandat
sur le banquier de celui-ci, il partit
pour Londres, où se trouvait le colonel
avec qui il devait traiter. Quinze jours
s'écoulèrent sans voir revenir Cherubini, et sans recevoir de ses nouvelles.
Le banquier de mylord lui avait écrit
qu'on était venu toucher le montant de
son mandat; on supposait qu'il avait
rencontré quelques difficultés qu'il était
occupé à lever. Cariati était absent depuis près d'un mois quand son domestique, qu'il n'avait pas emmené pour
le laisser à sa sœur, se présenta à
l'heure du déjeûner; il paraissait fort
agité. — Mon maître, mon pauvre maître, ô mon Dieu! pourquoi ne l'ai-
je pas suivi? je l'aurais défendu au pé-
ril de ma vie. — Parlez, Polalto, s'écria

Antonia d'un air effrayé, qu'est-il arrivé à mon cousin?—Infortuné jeune homme, pourquoi avoir quitté notre bonne patrie? — Polalto, expliquez-vous, dit mylord, vous nous mettez au supplice: avez-vous donc eu des nouvelles de votre maître? — Pas par lui, Dieu seul sait s'il est encore en état d'écrire. — Mais Polalto, finissez donc, dit avec une sorte d'impatience Rosalia, où est mon frère? — Qui le sait: le jour même qu'il est parti d'ici, on a assassiné un homme sur la grande route. Le corps ne s'est pas trouvé, sans doute les scélérats l'auront enterré; mais la place où s'est fait l'assassinat était couverte de sang. — Il faut faire des recherches. — Ah! mylord, il y a quatre jours que j'ai été instruit de cette horrible catastrophe, et depuis ce temps je n'ai cessé de faire des enquêtes. Malheureusement elles m'ont confirmé l'affreuse vérité ; et d'ailleurs, s'il m'était resté quelques doutes, l'apparition du cheval de mon maître les aurait fait cesser. — Si effectivement son cheval est revenu seul, c'est une forte présomption ; cependant, ma chère Antonia, ne vous livrez pas au désespoir ; votre cousin a peut-être été emmené par les brigands, il est possible qu'il leur échappe. — On aura su, dit Antonia en pleurant, qu'il avait beaucoup d'argent sur lui, et c'est pour le voler qu'on lui aura ôté la vie. Rosalia était sérieuse, mais ne pleurait pas. Mylord proposa d'aller à Londres demander des ordres pour faire faire des recherches dans les environs. — Votre seigneurie n'en pourrait faire faire de plus exactes que celles que mon attachement à mon maître m'a dictées. — Au nom de mon amour ! mon cher Adolphe, ne me quittez pas dans ce fatal moment ; quelles seraient mes terreurs si je vous savais parcourant le même chemin ! Ma vie dépend de la vôtre : si je vous perdais, bientôt je cesserais d'exister. — Puis-je me refuser à un désir aussi flatteur ? mais, ma bien aimée, ne vous laissez pas abattre ainsi ; comme vous je regrette vivement votre estimable parent. Peut-être le reverrons-nous, j'en ai le pressentiment. Que cet espoir vous donne le courage de supporter l'incertitude où nous sommes de son sort. — Homme sensible autant que bon, je ferai en sorte de suivre vos conseils ; votre exemple est toujours celui de toutes les vertus. Avec quelle grandeur d'ame vous oubliez que la perte de Cherubini entraîne celle de l'argent que vous lui aviez si généreusement prêté ! — Ne parlons pas, Antonia, d'intérêt dans une circonstance qui touche le cœur de si près.

CHAPITRE XIX.

En quittant Greenwood-House, les deux enfans de mylord Elford ne savaient où porter leurs pas. Cependant ils avaient pris la route de Londres, descendirent à l'hôtel d'Elford, et y passèrent la nuit, s'attendant à tous momens qu'un envoyé de leur père, ou plutôt d'Antonia, leur serait dépêché pour ordonner à lady Aurea de retourner à Battlement-House. Ils restèrent vingt-quatre heures sans être inquiétés. Après s'être mutuellement proposé différens projets, Baldwin engagea sa sœur à faire le voyage d'Allemagne. Le Feld-Maréchal Lichstall, qui semblait prévoir les malheurs qui arriveraient à lady Aurea, lui avait fait les offres les plus obligeantes lors de son départ de Vienne. — Votre amie et son père ne nous refuseront pas un asile. Personne, chère sœur, n'osera vous blâmer de vous être réfugiée dans une famille qui jouit, à juste titre, de la vénération générale. Lady Aurea accepta, sans hésiter, la proposition de son frère. Mistress Thoresby, que mylord avait envoyée à Londres sous un léger prétexte, afin de l'éloigner de Battlement-House pendant quelque temps, demanda instamment à sa maîtresse de l'accompagner; lady Aurea n'en fit aucune difficulté; c'était une circonstance extrêmement heureuse, et dont elle remercia le ciel.

Quoique M. Elford ne fût pas entièrement remis des suites de sa blessure, il supporta fort bien les fatigues d'une longue route; il se portait beaucoup mieux à son arrivée à Vienne.

Lady Aurea désira descendre chez madame Mellingen ; cette estimable dame la reçut avec le plus aimable accueil. — Je ne m'informe pas, lui dit-elle, des raisons qui me procurent le plaisir de vous voir ; je ne les devine que trop.— Vous ne vous trompez pas , madame, dit Baldwin. Depuis le mariage de mon père, la maison paternelle n'est plus habitable pour ses enfans. — Nous parlerons une autre fois plus amplement de vos chagrins ; je ne veux pas que l'instant qui nous réunit soit obscurci par le plus léger nuage.

Lady Aurea, et plus encore Baldwin, apprirent avec beaucoup de peine que Maria Carolina n'était pas à Vienne. Le Feld-Maréchal avait été nommé ambassadeur en Russie, et il venait de partir avec sa fille. Madame Mellingen fit quelques reproches à lady Aurea sur sa paresse à écrire à ceux dont elle

était tendrement aimée. La fille de mylord Elford se plaignit de son côté de
n'avoir reçu aucune réponse à ses lettres, tant à son amie, qu'à madame
Mellingen, et même au comte de Lichstall; une explication suivit, et il fut
démontré que toutes les lettres allant
où venant d'Allemagne avaient été in-
terceptées, sans doute par l'ordre de
mylady Elford.

Les premiers jours se passèrent sans
qu'il fût question des chagrins qu'a-
vaitéprouvés lady Aurea; madame Mellingen éloignait des éclaircissemens
qu'elle désirait avoir, mais qu'elle savait devoir affliger sa jeune amie. On
finit cependant par aborder ce triste
sujet. La bonne et sensible Allemande
s'attendrit plusieurs fois jusqu'aux larmes, durant le récit de lady Aurea.
Combien mylord Elford lui parut coupable! Vainement ses enfans, pour

l'excuser, rejetaient ce qui était blâmable dans sa conduite sur son excès d'amour pour sa femme. — Un jeune homme ne mériterait aucun pardon, à plus forte raison un homme de l'âge de mylord Elford..... Mais je n'en dirai pas davantage sur le compte de celui qui a le bonheur, si peu mérité, d'avoir de pareils enfans.

Madame Mellingen pria lady Aurea et son frère de se regarder comme chez eux. — Restez ici des mois, des années, ou, plutôt, fixez-vous-y pour toujours. Je vais écrire au comte de Lichstall, pour l'informer de votre arrivée. Faites aussi une lettre pour Maria Carolina, que j'enverrai dans la mienne. Pour distraire sa jeune amie, et dissiper l'affliction de son frère, madame Mellingen se répandit de nouveau dans la brillante société. Son goût naturel la portait à ne voir que peu de monde ;

mais craignant qu'en vivant dans une sorte de solitude lady Aurea et Baldwin ne se livrassent trop à la tristesse, les réflexions étant un poison pour ceux que les chagrins poursuivent, elle chercha, par tous les moyens possibles, à remplir tellement leur journée, qu'il leur fût impossible de s'occuper long-temps de leur situation.

Une des maisons où l'on recevait le plus de monde, était celle de madame la comtesse Burkhausen : le colonel Burkhausen, son époux, jouissait d'une grande fortune. Une seule fille, âgée de dix-sept ans, leur restait. Ils avaient eu la douleur de voir mourir six enfans, dans un âge assez avancé pour regretter doublement leur perte. Il n'est pas étonnant que la crainte d'être privés de Philiberte les engageât à la rendre aussi heureuse que possible; maîtres et valets s'étudiaient pour ne causer ni contrariétés ni impatiences à la jeune comtesse; chacun à l'envi s'empressait de remplir ses moindres désirs, surtout depuis la mort de son dernier frère. Pauvre enfant, en voulant la préserver de légères émotions, on lui préparait des chagrins bien plus redoutables. Philiberte avait de l'esprit, de la sensibilité; elle eût été douce, bonne et bienfaisante, si ses parens eussent eu moins de faiblesse et d'indulgence. Accoutumée à se voir l'idole de tous ceux qui l'approchaient, elle avait tellement contracté l'habitude d'être encensée, que celui qui l'aurait abordée sans lui adresser un compliment flatteur n'aurait reçu d'elle qu'un accueil froid et dédaigneux. Ne se doutant pas qu'il fût nécessaire de s'extasier pour préconiser la beauté d'une fille qui était à peine passable; ses grâces, quand elle n'en possédait que juste ce qu'il faut pour qu'on ne puisse dire qu'elle en manquait; ses talens, lorsque le premier écolier pouvait lui donner des leçons : Baldwin, présenté à madame la comtesse de Burkhausen par madame Mellingen, et ensuite à Philiberte par sa mère, se contenta de prendre le ton de politesse qui constitue l'homme bien élevé et de bonne compagnie. Ayant trouvé dans le comte Burkhausen un homme instruit, dans la comtesse une femme aimable, il désira cultiver leur connaissance, et s'occupa beaucoup plus d'eux que de leur fille. Cette mortification, à laquelle Philiberte n'était nullement accoutumée, lui donna beaucoup d'humeur, qu'elle témoigna principalement à celui qui l'avait occasionnée; loin de chercher à réparer sa faute, Baldwin l'agrava en ne remarquant pas le changement qui s'était fait dans le ton et les manières de mademoiselle Burkhausen.

Le rassemblement de la soirée avait pour objet un concert, dans lequel un jeune Américain avait promis d'exécuter, avec le maître de musique de la chapelle de l'empereur, un concerto sur le violon. Les talens, l'esprit et le physique agréable de l'étranger étant le sujet de toutes les conversations, Baldwin et sa sœur attendaient son arrivée avec une sorte d'impatience. Un homme qui réunissait tous les suffrages devait exciter la curiosité. Le bruit d'une symphonie ayant attiré l'attention générale, tout le monde passa dans la salle du concert. Madame Mellingen, lady Aurea et Baldwin, suivirent le torrent. Les premières places étant déjà occupées, ils en choisirent dans un coin tout-à-fait hors de vue. Tout le monde sait que les Allemands sont ordinairement très-forts sur les instrumens à vent. Nos deux Anglais trouvèrent un

plaisir infini à entendre un trio exécuté par un cor de chasse, un basson
et une clarinette. Enfin l'on annonça
que M. Skinner, après quelques difficultés, allait céder aux instances des
maîtres du logis qui désiraient procurer à la société la satisfaction de l'entendre. L'Américain se plaça à l'or-
chestre, à côté du maître de musique;
les yeux de lady Aurea se portèrent
d'abord sur ce dernier, et ceux de
Baldwin sur son compagnon. — Cet
homme n'est pas Américain, dit M. Elford assez haut pour être entendu de
ses voisins : je l'ai vu en Angleterre où
il se disait Italien. Lady Aurea confir-
ma l'assertion de son frère, en reconnaissant, dans la personne du fameux
violon, Cherubini Cariati. — Êtes-
vous bien sûrs de ne pas vous tromper?
demanda madame Mellingen au frère
et à la sœur. — Pourrais-je ne pas re-

connaître, répondit lady Aurea, un homme qui, pendant plus d'un an, m'a causé d'affreux tourmens? — Et surtout l'homme qui a éloigné mon père de ses enfans, dit Baldwin. — Quels peuvent donc être ses motifs pour oser se montrer ici sous un faux nom? — Quelques projets peu honorables sans doute, puisqu'il croit nécessaire d'en imposer au public. — Je présume, reprit madame Mellingen, que ce n'est qu'un misérable intrigant, dont la duplicité n'est pas étrangère à Antonia. Qui vous assure qu'il se nomme Cariati, et qu'il est le parent de mylady Elford? L'envie extrême qu'avait cette dernière de vous forcer à l'épouser prouve clairement qu'elle ne croyait pas vous faire faire un bon mariage. La haine qu'elle vous porte ne laisse aucun doute à cet égard. — Je ne souffrirai pas que cet imposteur fasse ici des dupes. — Si vous m'en croyez, M. Elford, vous attendrez, pour le démasquer, que le motif de son séjour à Vienne soit connu. Si le hasard vous présente les uns aux autres, feignez ou de ne pas vous le rappeler, ou de le mépriser au point de ne faire à lui aucune attention. Le mieux serait qu'il ignorât que vous êtes ici. Évitons, pendant quelque temps, de paraître en public ; en le faisant surveiller, nous serons informés de ses démarches ; et quand il en sera temps, vous lui arracherez le manteau qui cache sa difformité.

Étant, comme nous l'avons dit, placés dans l'endroit le plus sombre de la salle, Baldwin et les deux dames purent facilement examiner Cherubini. Après avoir terminé son duo, et reçu avec une apparente modestie les applaudissemens de l'assemblée, il fut se placer derrière le siège de mademoiselle

Burkhausen, dont il captiva bientôt toute l'attention. Philiberte paraissait fort contente. Elle riait avec éclat à chaque mot que lui disait l'étranger. Bientôt ils cessèrent de s'exprimer assez haut pour être entendus autour d'eux. Cariati, les bras appuyés sur le dossier du siège où était assise la jeune personne, semblait lui parler à l'oreille. Le visage de Philiberte, tourné vers les spectateurs, était extrêmement animé ; elle avait l'air d'écouter ce que le prétendu Américain lui disait avec le plus grand intérêt. — Si je ne me trompe, dit madame Mellingen, ce chercheur d'aventures n'ira pas plus loin pour exercer son savoir-faire. Pauvre Philiberte ! l'orgueil de captiver tous les cœurs te coûterait cher dans cette circonstance, si la Providence ne t'avait envoyé du secours. — Pensez-vous donc, madame, demanda lady Aurea, que mademoiselle Burkhausen aurait la faiblesse de croire à la sincérité d'un homme qu'elle connaît à peine? — Je n'en doute nullement. L'esprit de Philiberte est gâté par la lecture de mauvais romans : adorée de ses parens, elle n'a jamais entendu proférer autour d'elle que des éloges ; persuadée qu'elle les mérite, elle les considère comme l'expression vraie de ce qu'elle inspire. Jusqu'ici son amour-propre seul a joui ; mais je crains bien que son cœur ne soit pour beaucoup dans le plaisir qu'elle trouve à écouter les fadeurs de cet aventurier. — Il faut, dit Baldwin, instruire le colonel du danger que courrait sa fille en écoutant Cariati. — Je crois qu'il faut avant s'assurer des démarches de l'Italien, et des dispositions de Philiberte. Nous pouvons nous être trompés ; il serait inutile d'éveiller les craintes de ce couple d'honnêtes gens, si rien ne confirme nos soupçons. — Je suis de l'avis de madame Mellingen, dit lady Aurea: attendons pour ne point commettre d'imprudence.

Avant huit jours, on ne s'entretenait dans Vienne que de la passion que le bel Américain avait conçue pour la jeune comtesse Burkhausen. L'accueil extrêmement flatteur qu'elle lui faisait ne laissa aucun doute sur la réciprocité des sentimens; on parlait de leur mariage comme d'une chose décidée. Les uns félicitaient le colonel d'avoir trouvé un gendre aussi riche, et qui plût à sa fille. Les autres blâmaient le père et la mère de Philiberte de leur trop grande facilité à s'en rapporter au dire d'un homme qui n'avait aucune connaissance à Vienne, et qui paraissait tomber des nues. Un plus long retard

pouvait entraîner de fâcheux inconvé-
niens. Madame Mellingen fut un matin trouver la comtesse Burkhausen.
Cette excellente mère, pressentant le
chagrin qu'elle allait causer à sa fille
en la prévenant que son inclination
était mal placée, tout en remerciant
madame Mellingen, semblait lui en
vouloir de l'avoir détrompée sur le
compte d'un homme auquel elle avait
accordé son estime, et que Philiberte
aimait. Ne voulant compromettre en
rien ses amis, madame Mellingen n'a-
vait pas confié à la comtesse de quelle
source elle tenait ses renseignemens;
de manière que madame Burkhausen pût, sans avoir l'air de douter
de l'assertion, n'y pas donner cependant une entière confiance; avant de
communiquer cette fâcheuse découverte à son mari, elle voulut en parler à sa fille. Ainsi que la haine, l'excès

de tendresse a aussi son aveuglement. La comtesse avait l'intime persuasion que sa fille aimait l'étranger. Ces dispositions sont peu propres à prêter l'oreille aux choses qui peuvent nuire à l'objet préféré. Aussi, Philiberte ne crut-elle pas un mot des rapports faits à sa mère. — Ce sont des jaloux du mérite extraordinaire de ce jeune homme qui le calomnient. Un aventurier a-t-il cet air d'aisance et cette politesse naturelle qui sont le partage des gens bien nés? — Je vous proteste, ma chère Philiberte, que la personne qui a cru devoir m'avertir est incapable d'en imposer : vous en jugeriez comme moi, s'il m'était possible de vous la nommer. — Cette personne, en exigeant de vous le secret, par cette seule précaution prouve qu'elle craint que la fausseté de son accusation se découvre. Quand on dit la vérité, on ne se cache pas;

croyez bien, maman, que monsieur Skinner est un homme d'honneur. — Philiberte, vous aimez cet étranger, et le jugez avec partialité.—Comment ne l'aimerai-je pas ! c'est le plus aimable et le plus beau de tous les hommes que je connaisse. Je suis sûre d'ailleurs qu'il ressent pour moi un attachement désintéressé ; si vous saviez avec quel mépris il parle des richesses, combien il est fâché que ma fortune soit si considérable ! Hier encore il me disait : « Si j'ai le bonheur d'obtenir votre main, je demanderai comme grâce à M. votre père qu'il ne vous donne rien en mariage. Mon bien est plus que suffisant pour nous faire vivre dans l'opulence. En possédant la plus belle des femmes, mon sort ne sera-t-il pas digne d'envie ? — En effet, dit la comtesse, voilà des sentimens bien nobles. Je conviens qu'il serait difficile de ne pas chérir celui qui agit avec tant de générosité et de délicatesse. — Ce qui me le rend plus cher encore, c'est le respect, la vénération qu'il ressent pour mes parens. Quand nous sommes ensemble, il ne cesse de me répéter que mon père et ma mère sont, après moi, ce qu'il aime le mieux dans l'univers. — Si j'étais sûre qu'aucune personne officieuse ne crût devoir prévenir mon mari, je ne l'instruirais pas de ce qu'on m'a communiqué sur le compte de M. Skinner, car je suis absolument de ton avis. Ce jeune homme annonce des sentimens distingués. Il y a sans doute méprise dans ceux qui ont dit le connaître, peut-être une grande ressemblance dans les traits.— Ce ne serait pas la première erreur de ce genre. Je vous prie, madame, de n'en pas parler à mon père. En ce moment le comte entra. — Combien les figures sont trompeuses! dit-il en s'approchant de sa fille : qui eût pensé que ce jeune étranger n'était autre qu'un chevalier d'industrie! — Qui vous l'a dit, mon père? — Une personne que j'estime beaucoup, et qui ne ment jamais. — Cette personne peut se tromper, ou avoir intérêt à vous tromper. — Ni l'un ni l'autre, ma fille. Son attachement pour notre famille est son unique motif en nous faisant connaître cet imposteur. Skinner n'est pas Américain; il est Italien, et a laissé sa sœur en Angleterre, sous la dépendance d'une lady. On assure qu'il ne vit que d'intrigue, et qu'il est le plus fourbe des hommes.—Très-certainement mon père ne croit pas un mot d'une aussi étrange calomnie? — Je ne puis douter de la vérité des faits; le doute doit cesser quand les preuves sont démontrées. — Qui donc, mon père, a osé vous affirmer cet insigne mensonge?— Ceux qui, pour leur malheur, ont connu cet intrigant. — Mais qui, enfin?—Je veux bien vous dire que madame Mellingen est l'amie des victimes de ce monstre. — Madame Mellingen est trompée par ses amis. Je suis sûre que M. Skinner se justifiera de toutes ces fausses accusations. Je me charge de lui apprendre combien on est injuste envers lui ; il vous donnera, lorsque vous le voudrez, les preuves les moins équivoques de sa franchise. — Mon enfant, je vois avec douleur qu'il te sera très-pénible de renoncer à tes projets de bonheur. Ce jeune homme a su toucher ton cœur. Tu le croyais digne de ton attachement. J'avoue que l'idée de te voir un époux de ton choix, me rendait si heureux que j'ai trop négligé la prévoyance paternelle. Mais, Philiberte, il n'est heureusement pas trop tard pour empêcher le mal. Ce jeune aventurier n'aura plus accès chez moi ; et comme sa duplicité est presque généralement reconnue, toutes les portes des personnes respectables de la ville lui seront fermées : tu n'auras plus d'occasion de le voir, et tu l'oublieras bientôt.—Jamais, mon père, et l'injustice qu'on exerce envers lui augmenterait la tendresse que j'ai pour lui, s'il était possible qu'elle augmentât. Que je serais méprisable à mes yeux, si, persuadée comme je le suis, de la fausseté des accusations dont il est victime, j'allais me ranger du côté de ses ennemis ! Croyez-moi, mon père, Skinner est précisément l'époux que vous avez toujours désiré à votre Philiberte. Rendez-lui votre estime, accordez-lui ma main sans aucune fortune, et vous prouverez aux infâmes calomniateurs que vous ne vous laissez pas influencer

par le bavardage des oisifs et des méchans. — Pauvre enfant, que je te
plains ! Je vois avec douleur que la plaie
est plus profonde que je ne le pensais.
Crois, ma chère Philiberte, que j'é-
prouve le chagrin le plus vif à résister aux efforts que tu fais pour justifier cet étranger. Mais je ne puis, je ne
dois pas souffrir que tu fasses une sot-
tise. Skinner ne peut être ton mari.
— S'il vous prouve qu'il est innocent,
si les inculpations lancées contre lui
sont mensongères ? — S'il le prouve.....
Mais cela est impossible. — Je suis sûre
qu'il ne vous laissera aucun doute défavorable sur son compte. Permettez
qu'il vous entretienne. — Il me semble,
mon ami, que vous ne pouvez refuser à votre fille une satisfation de si
peu de conséquence. — Je verrai demain Skinner. C'est une complaisance
que je veux bien avoir pour toi.—Sur-

tout, mon père, traitez-le avec votre bonté ordinaire. Ne l'intimidez pas en prenant avec lui le ton sévère d'un juge. Ecoutez ses raisons avec le désir de ne pas le trouver coupable. — Je te promets de l'entendre sans aucune prévention ; d'avoir même de l'indulgence pour des fautes qui ne seraient pas d'un genre à ne mériter aucune excuse. De ton côté, promets-moi de ne point appeler de mon jugement. — Cependant, si les apparences le montraient à vos yeux ce qu'il n'est pas ? — Je me suis engagé à l'écouter sans partialité. Manques-tu donc de confiance en moi ? — Non, mon père, mais, je le répète, les apparences peuvent décevoir le mieux intentionné. — Si Skinner ne peut se disculper, c'est qu'il est coupable, et jamais je ne donnerai ma fille à celui qui n'a aucune preuve à alléguer contre ses accusateurs. Ainsi, ma chère

Philiberte, dès que j'aurai entretenu cet étranger, il recevra ma parole de lui accorder ta main, ou il sera banni pour toujours de ta présence. Philiberte soupira. On voyait en elle se combattre la crainte et l'espérance ; elle se retira dans un état d'incertitude qui ne lui permit de goûter aucun repos.

CHAPITRE XX.

Il était deux heures du matin, et mademoiselle Burkhausen n'avait pas songé à se coucher. Un léger bruit attire son attention; elle s'approche de la fenêtre qui donnait sur un jardin. En ce moment une pierre lancée d'en bas casse un carreau. Elle ouvre la fenêtre, et voit un homme accroché aux treillages : un cri allait lui échapper, quand un son de voix, qui lui va au cœur, l'engage au silence; on lui jette en même temps un paquet qui tombe dans sa chambre. — Dans une heure je viendrai, dit Skinner, recevoir mon arrêt de vie ou de mort. Philiberte, sans oser parler, le regarde descendre et se perdre dans les détours d'un bosquet. Sa bougie brûlait encore, elle s'en approche, ouvre le paquet qui renfermait une lettre; en voici le contenu :

« Un scélérat, qui m'a déjà fait bien
» du mal, a connu, je ne sais où, ma-
» dame Mellingen. Trompée par des
» dehors de loyauté, cette dame s'est
» liée avec ce misérable intrigant. Les ca-
» lomnies qui courent sur mon compte
» ont pris leur source dans la méchan-
» ceté de cet homme. Je l'ai forcé à
» m'en faire raison : nous nous sommes
» battus au clair de la lune. Il y a une
» heure qu'il a reçu la punition qu'il
» n'a que trop bien méritée; mon épée
» lui a percé le cœur. Il avait amené
» un témoin qui m'a menacé de me dé-
» noncer à la justice. Faites-vous, s'il
» est possible, une idée de l'horreur
» de ma situation! Si je reste, ma li-
» berté et ma vie sont en danger; si

» je pars, je vous perds : autant vaut
» mourir. Il n'est qu'un seul moyen
» de me sauver; mais ma bien-aimée
» voudra-t-elle l'employer? Je suis dé-
» cidé à me laisser arrêter, si Phili-
» berte refuse de suivre son amant,
» son époux. Dans une heure je re-
» viendrai avec une échelle de soie que
» je vous ferai parvenir de même que
» ma lettre. Sans rien appréhender,
» vous pourrez, après l'avoir attachée
» à votre balcon, franchir la légère
» distance qui nous séparera. A mon
» retour, si je trouve votre fenêtre
» fermée, je retournerai chez moi y
» attendre les suppôts de la justice. En
» apprenant mon supplice, vous don-
» nerez peut-être une larme à l'homme
» qui, en perdant la vie pour vous,
» ne cessera de vous adorer qu'en ren-
» dant le dernier soupir. »

John SKINNER.

II.   12

Il me serait impossible de peindre l'état d'angoisse où se trouva Philiberte après la lecture de cette lettre. Quel que soit le parti auquel elle se décidera, il ne peut qu'entraîner avec lui les plus terribles conséquences. Fuir la maison paternelle, où elle est si bien ; s'éloigner de ses parens dont elle est adorée, pour suivre un étranger qu'elle ne connaît que depuis peu de temps ; s'exposer à passer pour une fille dénaturée : quelle affreuse extrémité ! Philiberte balance, donc elle est perdue. L'hésitation dans un pareil moment est le précurseur d'une chute. Le délire de l'amour lui suggère un raisonnement captieux. Mon père et ma mère me chérissent, j'obtiendrai facilement leur pardon. D'ailleurs, je n'emporterai rien ; Skinner m'en saurait mauvais gré. Mon absence momentanée donnera plus de prix à mon retour. Le public me blâmera... que m'importe! heureuse épouse, heureuse fille, je dois peu m'occuper du reste. En suivant une conduite opposée, j'expose les jours de l'homme que j'aime : s'il est arrêté, on lui fera son procès, et peut-être sa condamnation... Horrible idée! quoi! je puis lui sauver la vie, et je me laisserais guider par une faible considération! Philiberte se hâte d'ouvrir sa fenêtre. Aussitôt un nouveau paquet tombe dans la chambre; elle y trouve l'échelle de soie annoncée. En moins de deux minutes elle est dans les bras de son ravisseur. Une voiture les attendait : ils y montent et partent. Skinner débute par des remercîmens et des caresses. Bientôt il prend un air pensif. Mademoiselle Burkhausen témoigne de l'inquiétude :

il s'est battu, il aura été blessé, et lui en fait mystère. Il la rassure sur sa santé; mais il a fait une étourderie : ne pensant qu'à elle, il a négligé tout autre soin, son coffre-fort est resté à son hôtel. A la vérité, il ne redoute pas qu'il lui soit dérobé la moindre chose : son valet est le plus honnête des hommes, et lui apportera tout son argent, dès qu'il saura où venir le joindre. Mais ne prévoyant guère, quand il est sorti de chez lui, qu'il n'y rentrerait pas, il n'a pas songé à remplir sa bourse. En en faisant la réflexion, il n'a pu cacher le chagrin qu'il éprouve de son inexcusable étourderie : quelque monnaie blanche comporte toute sa fortune. — Ne soyez point en peine, mon cher John; grâce à la générosité de mes parens, ma bourse est toujours bien garnie. Je me crois riche de plus de cent pièces d'or ; tenez, comptez-les. Nous pourrons attendre dans la première ville du pays étranger l'arrivée de votre domestique. — J'espère, ma chère comtesse, dit-il en comptant l'or, que vous n'avez rien emporté à vos parens ? — Pas une épingle. — Il est vrai que vous aviez le droit de prendre vos bijoux, etc., etc. Ces bagatelles vous appartiennent. — J'ai mieux aimé ne pas donner ce sujet de plainte. — Vous avez fort bien fait. Cependant nous pourrons nous trouver dans l'embarras. Car, supposons que mon valet-de-chambre, me croyant retourné en Angleterre, en prenne le chemin ? — Ceci ne suffira-t-il pas pour nous y conduire nous-mêmes ? —Difficilement, les voyages sont chers. — Nous userons d'économie. — Je ne souffrirai pas que ma bien-aimée éprouve la plus légère privation.

Quand ils eurent quitté le territoire de l'empire, leur premier soin fut de chercher un prêtre qui ne fît aucune difficulté de les marier. Nous les laisserons jouir des douceurs d'un hymen contracté sous d'aussi heureux auspices.

CHAPITRE XXI.

MADAME MELLINGEN déjeûnait avec lady Aurea et son frère, quand on lui annonça la visite de la comtesse de Burkhausen. — Que vous est-il arrivé? s'écria madame Mellingen en apercevant la comtesse; vous paraissez dans une violente agitation. — Ce n'est pas sans raison; que ne vous ai-je écoutée! hélas! je n'aurais pas à déplorer l'évènement le plus affreux. Ma fille, ah! grand Dieu! puis-je le croire : tant d'ingratitude et de perfidie dans un âge aussi tendre! Ah! Philiberte, combien tu m'as trompée. — De grâce, chère dame, expliquez-vous. — Partagez mon indignation en apprenant que ma fille s'est enfuie cette nuit avec ce monstre

Skinner! Ce misérable devait se justifier ce matin; mon mari avait consenti
à le recevoir : étonné de ce qu'il ne se
présentait pas à l'heure qui lui était
assignée, et plus encore de ne pas voir
descendre Philiberte, je fus moi-même
la chercher; je ne la trouvai pas dans
sa chambre, dont la fenêtre était ouverte ; une échelle de soie attachée
au balcon ne me permit plus de douter qu'elle ne fût partie. Je présumai
que dans sa fuite elle était accompagnée
par l'étranger. J'en acquis la certitude
en lisant la lettre que voici, et que
sûrement ma malheureuse fille a laissé
tomber en s'échappant. Prenez lecture
de ce chef-d'œuvre de duplicité, ma
chère amie, et plaignez-moi d'avoir été
aussi indignement trompée par celle
qui osait me dire encore hier qu'il lui
serait impossible de vivre séparée de
ses parens. Baldwin et sa sœur étaient

présens; la lettre de Cherubini leur fut communiquée; ils ne parurent point surpris de la conduite d'un homme dont ils connaissaient la scélératesse, puisqu'ils en avaient été les victimes. Madame Burkhausen leur dit que le comte était parti avec plusieurs de ses gens pour rattraper les fugitifs. Il était difficile de trouver un motif de consolation à offrir à une mère désolée autant qu'offensée. Madame Mellingen et ses amis ne l'essayèrent pas ; seulement ils lui donnèrent l'espérance que M. le comte pourrait rejoindre sa fille, et la ramener. Madame Burkhausen retourna chez elle dans un état digne de pitié. — Quel exemple, dit madame Mellingen, pour les parens trop faibles! Ils font le malheur de leurs enfans, et se préparent à eux-mêmes d'éternels sujets de regret et de chagrin. La tristesse régnait parmi la petite société; les person-

nes sensibles s'affligent toujours des peines de leurs semblables. Un article d'une
gazette dissipa bientôt ce nuage. A l'article de la cour, on annonçait le rappel du
comte de Lichstall. Il l'avait demandé
à cause de sa santé, qui souffrait
beaucoup de la température rigou-
reuse de la Russie. Cette nouvelle
porta la joie dans le cœur de madame
Mellingen, de lady Aurea, et de son
frère. Le même jour, il arriva une
lettre du Feld-Maréchal à madame Mellingen, et une de Maria Carolina à son
amie : toutes deux confirmaient le retour, dans quelques mois, de l'ambassadeur. Son successeur était nommé,
et le comte de Lichstall quitterait Saint-
Pétersbourg aussitôt que le nouvel ambassadeur y serait arrivé. Mademoiselle Lichstall se réjouissait d'avance
du bonheur qui l'attendait à Vienne.
Après avoir nommé madame Mellin-

gen et lady Aurea comme le plus fort aimant qui l'attirait en Allemagne, elle ajouta qu'elle y verrait M. Elford avec le plus grand plaisir. Cette phrase pouvait n'être considérée que comme une simple politesse, mais Baldwin osa croire qu'elle annonçait un souvenir qui le regardait personnellement, et cette idée le rendit heureux.

Toutes les démarches que fit le comte de Burkhausen pour rattraper sa fille n'eurent aucun succès ; la comtesse se livra à une telle douleur qu'elle tomba malade, et mourut trois semaines après la fuite de Philiberte. Ainsi l'infortuné Burkhausen eut à déplorer la mort de sa respectable épouse et le déshonneur de son indigne fille. Que de reproches ne se fit-il pas d'avoir, par trop de bonté et d'indulgence, mérité tous les maux dont il était accablé ! Cette terrible leçon changea totalement son caractère et ses sentimens. Le tendre attachement qu'il avait toujours eu pour Philiberte disparut entièrement, et fut remplacé par une haine implacable. Il jura de ne lui pardonner de sa vie, et dit à ses amis : « Je n'ai plus d'enfant ; la fille que le ciel avait, dans sa colère, conservée à mes prières, n'existe plus pour moi : je la voue à des remords éternels. Puissent-ils ronger son cœur, comme l'est le mien, par des regrets ! »

Ces fâcheux évènemens furent le sujet de toutes les conversations pendant plus de quinze jours ; pas une voix ne s'éleva pour excuser Philiberte ; elle fut unanimement blâmée : son nom ne se prononçait qu'avec des signes de mépris et d'horreur. L'on plaignit le comte de Burkhausen ; on semblait même oublier qu'il s'était, en quelque sorte, attiré le malheur dont il devenait la victime.

Madame Mellingen donna des larmes sincères à la mort prématurée de l'infortunée comtesse, et lady Aurea se joignit à elle pour aller partager la juste douleur du comte.

Depuis son séjour à Vienne, Baldwin avait écrit deux fois à Henry Sackwill : on se rappelle que ce jeune homme avait laissé son ami à Greenwood-House sous la surveillance de sa sœur, pour se rendre à Splendent-Castle, promettant d'être de retour sous une quinzaine de jours. Il partait avec sécurité ; Baldwin était entouré d'êtres qui lui étaient entièrement dévoués. Son absence fut encore moins longue qu'il ne l'avait annoncé. Mylord et mylady Sackwill hâtèrent eux-mêmes son départ. Contens d'avoir eu des preuves de son tendre attachement, ils lui permirent de retourner où l'amitié et l'amour l'attendaient. Son chagrin fut inexprimable en apprenant des honnêtes Mackinson les évènemens survenus, et qui avaient, pour ainsi dire, forcé le frère et la sœur de s'expatrier. Il retourna tristement à Splendent - Castle, où ses parens partagèrent sa juste affliction. La première lettre de Baldwin arriva dans un moment où, accablé par les plus vives inquiétudes, Henry n'avait ni le pouvoir ni la volonté de faire une réponse. Son père, alité depuis huit jours, était dans l'état le plus alarmant. Henry ne quittait pas le chevet du lit de son excellent père : nulle autre idée que sa conservation ne pouvait entrer dans la pensée de Henry. La première lettre de Baldwin ne fut ouverte que le jour où les médecins annoncèrent que mylord Sackwill était hors de danger, mais que sa convalescence serait extrêmement longue. Hélas ! - Henry n'était pas au bout de ses tourmens. Il répondait à son ami : à peine quatre lignes étaient tracées, qu'il est interrompu par des cris. Il court s'informer de ce qui les occasionnait. On lui dit que mylady, en descendant l'escalier, a manqué une marche, qu'elle est tombée, et s'est cassé l'épaule droite. On l'avait déposée sur son lit, où elle était sans connaissance. Mylord, attiré par le bruit, malgré sa grande faiblesse, s'était transporté chez sa femme, et la croyant morte, il s'était trouvé fort mal. Les secours les plus prompts furent prodigués aux deux époux. Henry se partageait entre les auteurs de ses jours. Mylady eut une violente fièvre, et un délire qui dura une semaine entière. Mylord avait éprouvé une si forte révolution, qu'il en eut une terrible rechute, plus dangereuse encore que la maladie. Henry passait toutes les nuits, et, si le ciel n'eût eu pitié de lui en guérissant son père et sa mère, il eût été victime de son amour filial. Tu me pardonneras mon silence, écrivait-il à Baldwin, dans sa première réponse, quand tu en sauras le motif. En apprenant tout ce que ce jeune homme avait souffert, lady Aurea et son frère ne songèrent guère à lui faire des reproches.

Six semaines s'étaient écoulées depuis la fuite de Philiberte. Madame Mellingen et ses jeunes amis avaient calculé qu'avant deux mois le Feld-Maréchal et sa fille pourraient être de retour à Vienne; ils comptaient les jours avec une égale impatience, quand ils se virent frustrés du bonheur qu'ils se promettaient. Une lettre foudroyante de mylord Elford porta la douleur dans tous les coeurs : il enjoignit à ses deux enfans de partir aussitôt le reçu de son ordre, sous peine d'encourir sa malédiction. — Si my-lord vous menaçait seulement d'une exhérédation, leur dit madame Mel-lingen, je vous engagerais à rester ici; ma fortune peut suffire à lady Aurea, et je connais les sentimens du comte de Lichstall; en ce moment, je ne crois pas devoir vous les dissimuler. Informé par moi de votre inclination pour Maria Carolina... ne rougissez pas, mon cher Baldwin, l'amour le plus discret ne peut se cacher aux yeux de la clair-voyante amitié; et je ne suis pas la seule qui vous ait deviné.... Je disais que mon vieil ami, persuadé que vous conviendriez à sa fille, et vous trou-vant toutes les qualités qui constituent un bon mari et un honnête homme, était peu éloigné de vous accorder la main de Maria Carolina, et je réponds que, dénué de toute fortune, vous ne lui en paraîtriez pas moins digne de son choix. Vous voyez que la privation de la succession de votre père ne serait pas un obstacle à ses bonnes intentions. Mais je le connais assez pour pouvoir vous assurer qu'il ne donnera jamais son assentiment à l'union de Maria Carolina avec un homme accablé sous le poids de la malédiction paternelle. — Combien sont opposés, madame, répondit le jeune Elford, les différens sentimens que vous venez de faire naître en moi! J'aurais pu devenir l'heureux époux de la femme que j'idolâtre en silence; son respectable père avait assez bonne opinion de moi pour me confier le bonheur de son adorable fille. Ah! madame, permettez que je vous témoigne à genoux toute ma reconnaissance; car, c'est à vous que je dois les favorables dispositions de votre ami. Hélas! la rigueur du destin s'oppose à l'accomplissement d'un projet qui m'aurait élevé au-dessus d'un mortel. Cependant il ne m'est pas défendu de conserver de l'espoir : j'obéirai aux ordres de mon père : ma sœur et moi sommes bien éloignés de vouloir nous soustraire au devoir sacré que la nature nous impose. Sans doute on a changé le caractère de mylord Elford; mais j'ose penser que son cœur est resté constamment bon. Il ne peut nous rappeler pour nous rendre malheureux. Madame Mellingen était persuadée qu'à leur retour en Angleterre les enfans de mylord Elford seraient de nouveau en butte à la persécution de leur belle-mère; mais elle ne voulut pas cependant leur faire part de ses réflexions. Lady Aurea ne se trompa pas non plus sur le sort qu'on leur réservait; mais voyant son frère se livrer à l'espérance, elle se garda bien de lui communiquer ses craintes.

La séparation fut extrêmement douloureuse, et des larmes bien amères attestèrent la sincérité des regrets mutuels. Les voyageurs emportèrent et conservèrent durant la route un fonds de chagrin qui fut loin de se dissiper en approchant de Battlement-House. Ils s'étaient demandé plusieurs fois, vainement, comment mylord Elford avait été informé de leur séjour à Vienne; ne pouvant se figurer que Cherubini aurait eu l'audace de conduire la fille qu'il avait enlevée dans la maison de sa parente, ils ne conçurent pas la pensée que ce fût par lui qu'on eût appris où ils s'étaient retirés.

En arrivant au château, lady Aurea fut au moment de se trouver mal. Baldwin regretta, alors, de n'avoir pas

pris avant des informations à Greenwood-House, mais il n'était plus temps.
En entrant dans la hall, ils y trouvèrent mylady, qui, du ton d'hypo-
crisie qui lui était habituel, les accueil-
lit par des expressions flatteuses. Ses
lèvres ne proférèrent pas un reproche :
— Combien mylord va se trouver heureux de revoir ses chers enfans! Ce
bon père ne se consolait de votre absence qu'en m'entretenant du matin
au soir de lady Aurea et de son aimable frère. — Mon père est-il ici? demanda Baldwin, sans répondre aux
douces paroles d'Antonia. —Je le crois
dans la bibliothèque; vous en savez le
chemin, je ne vous accompagne pas;
quand on a été long-temps séparé, on
est bien aise d'être seul. Baldwin prit
la main de sa sœur, et ils se rendirent
à la bibliothèque où, à leur grande
surprise, ils trouvèrent Cherubini et

mademoiselle Burkhausen. La présence de ces deux êtres glaça le mouvement de tendresse qu'éprouvaient les deux enfans de mylord en approchant de leur père. Mylord les reçut avec une extrême froideur ; Cherubini les salua en souriant, et Philiberte courut embrasser lady Aurea.—Que je suis charmée de votre arrivée, bien chère lady Aurea ! vous pourrez me dire tout ce qui se passe à Vienne. Donnez-moi des nouvelles de mes parens. Comment ont-ils supporté mon absence? Mon départ a fait grand bruit, n'est-ce pas ? Les vieilles femmes m'auront mise en pièces; les jeunes, en me blâmant tout haut, m'auront applaudi intérieurement. Quant aux hommes : — Ils auront jalousé le sort de votre heureux compagnon de voyage, se hâta de dire Cherubini en baisant la main de Philiberte. — M. le comte de

«Burkhausen a fait une grande perte,
madame, dit assez sèchement Baldwin,
depuis votre absence : madame la comtesse est morte. — Ma mère est morte!
s'écria Philiberte; malheureuse! c'est
moi qui lui ai ôté la vie. Dites - moi,
monsieur Elford, ma mère a-t-elle suc-
combé à la suite d'une maladie? —
Huit jours après votre départ, elle a
cessé d'exister. — Et l'on présume que
le chagrin aura abrégé ses jours? —
C'est l'idée générale. — Ainsi, je l'ai
assassinée! Un déluge de larmes cou-
vrit le visage de cette fille coupable.—
Philiberte, s'écria Cherubini, ne vous
livrez pas ainsi à la douleur : en quittant
vos parens, vous avez suivi votre époux;
ne m'avez-vous pas assuré mille fois
que je vous étais plus cher que toute
votre famille? — Je l'ai dit, et je le
pense; mais avoir tué ma mère! oh!
jamais je ne m'en consolerai. Mylord

Elford paraissait plus fatigué de cette scène, qu'il ne semblait y prendre intérêt. Lady Aurea aurait voulu se jeter aux genoux de son père, pour, dans cette position, lui alléguer les raisons qui semblaient avoir autorisé son départ; mais l'indifférence que mylord lui témoignait, et plus encore la présence de deux personnes qu'elle ne pouvait aimer ni estimer, arrêta toute explication. — J'espère, dit mylord Elford, en s'adressant à ses deux enfans, qu'il n'est pas nécessaire que je vous ordonne de vous souvenir qu'Antonia est l'épouse adorée de votre père, et que sa famille a des droits à vos égards. Vous pouvez passer chez mylady, je n'ai plus rien à vous dire. En quittant son père, lady Aurea se rendit à l'appartement qu'elle occupait précédemment, mais à l'instant où elle allait y entrer, une femme, qu'elle ne connaissait pas, lui annonça qu'elle appartenait à madame Cariati, et que c'était à présent la demeure des jeunes époux. Mistress Thoresby n'ayant pas osé reparaître à Battlement-House, était restée au service de madame Mellingen, ce qui avait réduit lady Aurea à se passer de suivante durant son voyage. Richard n'avait pas appréhendé de faire parade de sa fidélité et de son dévouement; il avait accompagné ses maîtres. Assez embarrassée pour savoir où on voudrait bien lui permettre d'habiter, lady Aurea se décidait à en faire la demande à sa belle-mère, quand Black accourut vers elle, et, les yeux humides, il la pria d'attendre un instant, qu'il allait lui envoyer la femme-decharge. Les regards de cet homme sensible s'élevèrent au ciel, et il soupira douloureusement en voyant l'état de dépendance où se trouvaient les enfans qui, dans leur jeunesse, étaient les objets du plus tendre amour. La femme-de - charge arriva lentement, et , d'un ton à demi protecteur, elle dit à lady Aurea de la suivre. On introduisit la fille du maître de la maison dans une petite chambre qui avait été autrefois celle de la première femme de sa mère.

CHAPITRE XXII.

En connaissant le caractère et la manière d'être des différens individus qui habitaient le château, on peut facilement se faire une idée de l'état de gêne de chacun en présence les uns des autres. La seule Antonia affectait, avec assez de vérité pour pouvoir en imposer à des yeux peu clairvoyans, un calme, une tranquillité qu'elle assurait être le résultat du bonheur dont elle jouissait. Rien ne flattait plus son époux que de lui entendre préconiser sa félicité. Aussi, dès qu'elle voulait en obtenir une faveur, elle répétait jusqu'à satiété qu'elle était la femme du monde la plus heureuse, et qu'elle ne changerait pas son sort pour celui de la reine d'Angleterre.

Durant le premier mois de leur retour, lady Aurea et son frère n'eurent point à se plaindre personnellement d'Antonia ; elle les traitait même avec une politesse trop minutieuse pour qu'on pût la croire sincère. Étonnée de ne plus trouver Rosalia à Battlement-House, lady Aurea en demanda un jour des nouvelles à sa cousine ; celle-ci dit qu'un parent fort riche et fort âgé avait désiré qu'elle allât passer une année près de lui en Italie. Baldwin demanda si c'était le marquis de Bozzolo. Le mot à peine prononcé fit l'effet d'une mine à laquelle on met le feu, l'explosion est immédiate ; de même la fureur de mylady éclata à la minute. Les choses les plus dures furent adressées à l'indiscret questionneur. C'était la première fois que Philiberte voyait la parente de son mari dans cet état ; elle en fut effrayée et se sauva. Ayant rencontré mylord, elle lui dit que sa cousine avait un accès d'épilepsie. Le faible époux accourut tremblant ; dès l'antichambre il entendit les injures que sa bien aimée distribuait à Baldwin et à sa sœur, quoique cette dernière n'eût pas proféré un mot. Les réponses de monsieur Elford, plus mesurées, n'en étaient pas moins piquantes. Mylord croit en avoir assez entendu pour juger que tous les torts sont du côté de ses enfans ; il entre, ordonne à son fils de quitter le château, et à sa fille de se retirer dans sa chambre. Le frère et la sœur sortent sans parler, et descendent au jardin. Baldwin propose à lady Aurea de partir avec lui, et de retourner à Vienne. Elle refuse de faire une démarche qui serait inexcusable. — Quand j'ai abandonné la maison paternelle, dit-elle, j'avais la conviction qu'on voulait user de violence pour me forcer à épouser Cherubini. Aujourd'hui mon devoir me fait la loi de souffrir. Mon père a le droit d'en user avec moi comme il lui plaît. Sans doute mon sort est fort malheureux, mais je ne puis vouloir m'y soustraire par un moyen qui n'aurait pas même ma propre approbation; elle convint qu'après l'ordre exprès qu'il venait de recevoir de mylord, son frère ne pouvait rester à Battlement-House, et c'était un redoublement de chagrin pour elle de se trouver ainsi séparée de tous ceux qu'elle aimait. Le départ de Baldwin la laissait sans secours ni consolation. Devait-elle craindre d'avoir jamais besoin de l'un et de l'autre dans la maison de son père? Combien elle regretta que les circonstances eussent empêché mistress Thoresby de la suivre en Angleterre ! Baldwin essayait encore de la décider à retourner à Vienne, quand Black accourut pour dire à M. Elford, de la part de son maître, qu'il pouvait rester à Battlement-House. — Je crois, ajouta le valet-de-chambre, que vous devez à mylady le changement des sentimens de mylord : Betsy m'a assuré qu'elle avait supplié son époux de révoquer l'ordre de départ de son fils. — Il m'est tellement odieux, dit Baldwin, de devoir quelque chose à cette femme méprisable, que sans lady Aurea je serais déjà loin du château. Black baissa les yeux ; son devoir lui prescrivait de respecter la femme de son maître, mais il ne pouvait blâmer la juste haine que les victimes d'Antonia manifestaient en sa présence. Les plaindre, même les servir et garder le silence, ce fut le rôle que choisit l'honnête Black.

Quand Baldwin eut reconduit sa

sœur jusqu'à la porte de sa chambre, il allait se retirer dans la sienne quand il rencontra sur l'escalier Betsy qui le cherchait. — Mylady vous prie, lui dit-elle, de vous rendre une heure avant le dîner dans une des fabriques qui avoisinent le grand canal. — Je ne puis accéder à cette invitation. — Si ce n'est relativement à vous, monsieur, que ce soit pour l'amour de lady Aurea : ma maîtresse serait furieuse si vous aviez l'air de mépriser ses ordres. — Je ne lui connais aucun droit pour m'en donner. — C'est une raison de plus pour exciter sa colère. Je vous en conjure, n'exaspérez pas un caractère si facile à sortir des bornes de la raison. — Où dites-vous que cette femme désire me rencontrer ? — Je crois que c'est au pavillon treillagé : dirai-je à mylady qu'elle vous y trouvera ? Baldwin hésita à répondre ; cependant il promit de faire ce sacrifice.

A l'heure fixée , M. Elford entra dans le pavillon où Antonia s'était déjà rendue. Ils y restèrent une demi-heure. Baldwin sortit le premier ; il rencontra Black dans le jardin, qui lui dit que mylord l'envoyait avertir mylady qu'il l'attendait dans la salle à manger.

— Allez faire ce dont vous êtes chargé. L'air et le ton du jeune homme annonçaient que l'entrevue n'avait pas été satisfaisante pour lui. Black n'osa lui faire aucune question, et il s'achemina vers le pavillon. En montant les marches du perron, il entendit qu'on se promenait à grands pas dans la rotonde ; il lui sembla même reconnaître dans le son de voix de sa maîtresse beaucoup d'altération. Il frappa doucement.

— Retirez-vous , s'écria Antonia , et ne vous présentez jamais devant mes yeux : mais persuadez-vous bien que ma haine vous poursuivra partout.

Black ne comprenant rien au discours de mylady, frappa de nouveau. — Si c'est le repentir qui vous ramène vers moi, si ce cœur, si long-temps rebelle, consent enfin à devenir mon partage, entrez; vous recevrez l'accueil le plus tendre de celle qui n'a jamais cessé de vous idolâtrer. Black, indigné autant que confondu, ouvrit la porte, et fit voir à Antonia à quel point elle s'était méprise. — De quel droit, dit-elle avec hauteur, osez-vous épier mes actions? Que venez-vous faire ici? — J'y suis envoyé par mylord. Et il s'acquitta de sa commission. Antonia fixa son regard sur lui, et lut dans son maintien qu'il avait entendu ce qu'elle croyait adresser à Baldwin. Il ne s'agissait pas de nier; mais il fallait forcer au silence celui qui connaissait son effroyable secret. Prier un valet, c'était s'avilir peut-être inutilement; elle préféra lui en imposer par des menaces. — Si un mot de ce que vous avez entendu transpire, vous êtes perdu. Songez-y. — Madame, je me tairai, mais n'exigez pas l'oubli de ce que le hasard m'a fait apprendre. Hélas! je voudrais l'ignorer encore. — Votre estime est si peu de chose à mes yeux, que je ne prendrai pas la peine de vous prouver l'erreur dans laquelle de fausses apparences vous ont fait tomber. Retournez au château, j'y serai presque aussitôt que vous ; souvenez-vous que je sais punir, comme je sais récompenser. Si l'horrible découverte que je viens de faire, pensait Black, en quittant Antonia, pouvait être prouvée, je la révélerais pour détromper mon pauvre maître, mais la femme capable du crime d'adultère le serait sans difficulté de me peindre à son faible époux comme un infâme calomniateur, ainsi je me perdrais sans servir personne.

Durant le dîner, mylady conserva sur tous ses traits le calme qu'elle savait si bien affecter. Baldwin, incapable d'user de dissimulation, ne put cacher le dégoût que lui inspirait la vue de sa belle-mère. Il eut deux ou trois occasions de parler d'elle, et ne la désigna que sous le titre de la femme de *mon père*. Cette expression déplut à Antonia; mais elle continua de feindre. Mylord semblait avoir oublié la scène du matin; puisqu'Antonia avait pardonné les torts de ses enfans, il cessait de leur en vouloir. Lady Aurea, ignorant le rendez-vous du pavillon et son fâcheux résultat, ne concevait rien au redoublement d'humeur de son frère, dont elle se proposait de lui faire des reproches. Mylady occupa sa belle-fille toute la journée, et, sous le prétexte le plus frivole, elle la garda près d'elle jusqu'au souper, après lequel on avait coutume de se retirer. Vainement Baldwin épia l'instant de pouvoir entretenir sa sœur, il fallut se résoudre à attendre au lendemain pour la confidence qu'il brûlait de lui faire.

Dès que l'on quitta la table, mylady emmena son époux dans son cabinet de toilette, où ils restèrent enfermés jusqu'à quatre heures du matin : alors Antonia se rendit à la chambre de lady Aurea, frappa, et, du ton le plus engageant, elle la pria de lui ouvrir. Quoiqu'étonnée d'une visite faite aussi matin, la fille de mylord Elford passa vite une robe, et fit entrer Antonia. — Je suis chargée, ma bonne amie, lui dit-elle en souriant, de vous proposer une partie de plaisir : votre-père est prié d'une grande chasse; plusieurs dames de la capitale doivent s'y trouver. J'aurais bien désiré être des vôtres, mais mylord attend quelqu'un pour affaire, l'un ou l'autre devait rester, je me suis dévouée. — Si ma présence peut tenir lieu de la vôtre et de celle de mon père, je resterai bien volontiers à Battlement-House. — Voilà ce que mylord ne souffrira pas plus que moi. Vous ne m'aimez pas, ma chère fille, parce que vous ne rendez pas justice aux qualités de mon cœur. Je puis avoir quelques défauts, mais je n'ai pas celui de conserver de la rancune ; je préfère dire tout ce que je pense : mon caractère est emporté, je ne puis qu'y faire ; cela vaut peut-être mieux que de projeter en silence une terrible vengeance des outrages qu'on m'aurait faits. Un jour viendra où vous me connaîtrez mieux, et alors vous me jugerez avec plus de certitude. Je vous laisse faire votre toilette de voyage ; en arrivant on vous donnera le temps de vous habiller avec toute l'élégance qui vous sera agréable ; je vais dire à Betsy de mettre dans une petite malle tout ce qui vous sera nécessaire pour une semaine.

— Mon père compte-t-il donc s'absenter pour si long-temps ? — J'irai vous joindre dans deux ou trois jours, et j'engagerai votre frère à m'accompagner. Mylady s'en alla en priant sa belle-fille de se hâter, afin de ne pas faire attendre mylord, qui voulait partir avant la chaleur. Ce fut avec beaucoup de répugnance que lady Aurca se disposa à remplir les ordres de son père dans cette circonstance. Elle aurait voulu voir son frère, mais elle craignait qu'il ne fût pas levé avant le départ. Son appréhension se réalisa ; à peine elle finissait de s'habiller, quand mylady vint elle-même la chercher. Mylord était déjà placé dans la voiture. Antonia baisa sa fille au front, l'aida à monter, ferma la portière, lui souhaita beaucoup de plaisirs, et resta sur la porte pour la voir partir.

Baldwin, informé du départ de son père et de sa sœur, demanda à mylady où ils étaient allés, témoignant le désir de les aller rejoindre. — Nous irons ensemble dans quelques jours, répondit Antonia, sans paraître disposée à l'instruire du lieu où il pourrait les trouver.—Mon intention, monsieur Elford, continua-t-elle, n'est pas de vous gêner; j'ose cependant me flatter que, durant l'absence de votre père, vous voudrez bien me faire compagnie aux heures des repas. L'absence de monsieur et de madame Cariati me laissant seule, j'ai pensé que vous ne répugneriez pas à me rendre ce léger service. Baldwin fit un signe d'adhésion. — Je n'ai pas de mémoire, lui dit-elle, pour les choses dont le souvenir me serait pénible ; imitez - moi, monsieur, et que..... ce que..... je vous ai dit hier soit oublié par vous. De mon côté, je croirai avoir fait un rêve fâcheux. Le réveil ne m'en a laissé qu'une légère idée, qui sûrement s'effacera bientôt entièrement. Ne quitterez-vous pas cet air sévère ? Il ne sied point à votre visage ; allons, Baldwin, soyons toujours amis. — Le fûmes-nous jamais, mylady ?—Je pourrais m'indigner de ce propos, mais aujourd'hui je suis toute indulgence ; je sens dans le fond de mon cœur une gaieté que je voudrais communiquer aux autres. — Mes dispositions, madame, ne répondent point aux vôtres. La tristesse est l'état habituel des gens malheureux. —Vous auriez tant de moyens pour ne l'être pas ! c'est votre amour pour Maria Carolina qui fait votre tourment, et je conçois que la légèreté de sa conduite doive vous affecter. Baldwin sourit ironiquement. — Une lettre que j'ai reçue hier, continua. Antonia, m'annonce un évènement que vous ne devez pas ignorer : voyez, elle est datée de Vienne ; vous pouvez en prendre lecture. Baldwin repoussa la main qui lui présentait la lettre. — Je suis peu curieux des choses qui ne m'intéressent pas. — Ainsi j'ai mal jugé en me persuadant que le mariage de mademoiselle Lichstall ne vous serait pas indifférent ? Baldwin sentit un froid glacial se glisser dans toutes ses veines ; il pâlit et chancela sur son siége. — Juste ciel ! il se trouve mal. Pardon ! ah ! mille fois pardon, mon cher..... fils, je devais user de précaution pour vous annoncer cette affreuse nouvelle. Le souvenir du serment prononcé entre Maria Carolina, lady Aurea et lui, de

ne rien croire de ce qui ne leur serait
pas appris d'eux - mêmes , rendit le
calme au jeune Elford. — Ne prenez
aucune peine, mylady, pour vous excuser, dit-il avec beaucoup de sang-froid ,
je ne vous trouve aucun tort. — J'aime
à vous voir raisonnable. Il est vrai qu'on
ne peut donner de regret à une femme
qui nous a trompé. — Arrêtez, mylady : jamais, en ma présence, on ne parlera de mademoiselle Lichstall qu'avec
les égards qui lui sont dus. — Oh! je
n'ai nulle envie de lui faire injure ;
d'ailleurs elle est très-excusable d'avoir
renoncé à un homme qui ne pouvait
pas l'épouser. — Ceci est un sujet qui
n'est point de votre ressort, et que vous
m'obligerez de ne pas aborder. Baldwin
n'attendit pas sa réplique pour quitter
le salon. — Ils ne veulent pas se persuader que je suis l'arbitre de leur sort,
dit Antonia dès qu'elle fut seule ; il leur

faut des preuves : eh bien ! on leur en donnera.

L'absence de mylord dura trois jours. À chaque repas, au moment de se mettre à table, Baldwin arrivait, et se retirait dès qu'on avait desservi. Antonia lui en fit des reproches. — Je remplis ma promesse, c'est tout ce qu'on peut exiger de moi. — Exiger ! y pensez-vous, monsieur ? quoi ! il me faudrait user d'autorité pour obtenir ce que tant d'autres estimeraient une faveur ! — Je ne crois pas en avoir sollicité aucune de votre ladyshisp. — Provoquante créature ! murmura Antonia à demi-voix ; puis, élevant le ton : — Je ne veux point abuser de votre complaisance ; ainsi, monsieur, je vous rends votre parole. Vous êtes libre de prendre vos repas ailleurs, même dans votre chambre ; je donnerai l'ordre qu'on vous y serve. — Je vous remercie, mylady ;

puisque ma présence ne vous est plus nécessaire, je ferai un voyage de quelques jours à Londres. — Je vous engage à hâter votre départ. — C'est mon intention. Baldwin fit appeler Richard, et lui dit de préparer deux chevaux. En moins d'une heure tout fut près. Il mettait le pied dans l'étrier quand la voiture de son père entra dans la cour: il s'avança pour l'aider à descendre. — Vous êtes seul, mylord? — Lady Aurea a désiré passer une quinzaine chez les amis où je l'avais menée. Où donc allez-vous si tard? — Je me rendais à Londres, mais je profiterai du bonheur de vous voir quelques heures de plus; je ne partirai que demain. Avant que mylord pût faire de nouvelles questions à son fils, mylady s'avança sur la porte de la hall, et tendit les bras à son mari, qui courut la prendre dans les siens. Les choses les plus tendres et les plus aimables furent échangées entre les deux époux. Baldwin suivit son père dans le parloir. — Avez-vous fait un bon voyage? demanda Antonia; ma fille s'est-elle bien amusée? d'où vient donc qu'elle ne vous accompagne pas? — On a voulu absolument la garder. — Oh! j'irai la chercher; nous ne pourrions vivre ici sans cette chère enfant. Ici mylord fit un mouvement de surprise, et sa figure devint un peu sombre. Ce léger changement n'échappa pas à Antonia. — Promettez-moi, cher Adolphe, de ne plus accepter de partie qui devra nous séparer? Loin de vous je meurs de chagrin et d'ennui. — J'espère que Baldwin vous a tenu fidèle compagnie? — Sans doute; mais qui peut vous remplacer? N'êtes-vous pas fatigué? le repos vous est nécessaire, passons dans votre appartement; et d'un air caressant elle passa son bras sous celui de mylord, et l'emmena. Avant de quitter le parloir, elle jeta un-coup-d'oeil qui semblait exprimer : vous voyez quel est mon ascendant sur cet homme faible ; ménagez-moi, ou craignez les effets de mon ressentiment. Baldwin la comprit parfaitement, et répondit par le salut le plus profond.

Mylord venait de se lever, le lendemain matin, quand Black lui apporta une lettre que venait de lui remettre le portier, en disant que M. Elford l'avait laissée en partant. — Ce voyage était donc bien urgent ? dit mylord. — Partir sans dire adieu à son père, dit mylady, cela est affreux. Cher Adolphe, ne décachetez-vous pas la lettre de votre fils ? ajouta-t-elle en la prenant sur la table où mylord venait de la poser. Si vous le permettez, je vous en ferai la lecture. — Volontiers. Antonia parcourut des yeux rapidement l'épître, puis elle lut haut ce qui suit :

« Mylord, la présence d'une femme
» qui m'est odieuse est le seul motif
» de mon départ précipité. Ne m'or-
» donnez pas de revenir, il me serait
» impossible de vous obéir. Bannissez-
» moi plutôt de votre présence. Ma
» sœur, qui partage mes sentimens
» pour la belle-mère que votre lord-
» shisp a jugé à propos de nous donner,
» vous adresserait la même prière si
» elle l'osait. » — Je n'en puis entendre
davantage, s'écria mylord, en parcourant la chambre à grands pas. Oser
blâmer un mariage qui me rend le plus
heureux des hommes ! Tes vœux seront
remplis ; je te défends de paraître devant moi. Je t'abandonne ; je te.... voue
à tous les tourmens que doit éprouver
un mauvais fils. Dès les premiers mots
que la colère avait arrachés à son
époux, Antonia, en froissant le papier dans ses mains, parut vouloir

essayer de le calmer. Croyant remarquer que le son de voix de mylord
exprimait plus de chagrin que de cour-
roux, elle affecta de le croire indigné.
— Malheureuse! s'écria-t-elle en levant
les yeux au ciel, c'est moi qui ai amené
la mésintelligence entre le père et les
enfans. Oubliez, cher Adolphe, que
Baldwin s'est écarté un moment du
respect qu'il vous doit. J'en veux anéan-
tir la preuve, dit-elle en déchirant en
plusieurs morceaux la fatale lettre. Par-
donnez-lui, comme je lui pardonne. —
Je ne puis vous satisfaire, ma bien-aimée; le misérable me blesse à l'endroit
le plus sensible. Il insulte la plus belle,
la plus aimable et la plus vertueuse des
femmes, et je souffrirais...! non, mon
Antonia; non, rien ne peut l'excuser.
— Le temps et mes vives instances,
reprit Antonia, obtiendront, je l'espère,
la grâce de ce cher coupable. — Grand

Dieu ! qui entendez cette angélique créature solliciter avec tant d'instance la grâce de celui qui l'a si indignement outragée, daignez changer le cœur de mes enfans ; dessillez leurs yeux prévenus ; qu'ils tombent aux genoux de mon adorable épouse, et je serai le plus heureux des pères, comme je suis le plus heureux des époux. Black, spectateur de cette scène touchante, se tenait immobile dans l'embrasure de la fenêtre. Ses yeux se levèrent lentement. Un sentiment extraordinaire occupait son esprit : son regard se fixe un instant sur la figure d'Antonia. Mylord avait alors le dos tourné, mylady lui fait signe de sortir. Il allait obéir, quand son maître se dispose à passer dans la pièce voisine ; Antonia le suit. Black ramasse quelques morceaux déchirés de la lettre de Baldwin, les met dans sa poche, va tirer la sonnette, et sort.

Un valet accourt ; mylady le renvoie, disant qu'elle n'a pas sonné. Cet homme se retire en murmurant. Il rencontre Black dans la hall. — Les maîtres ne savent ce qu'ils veulent. — Qu'avez-vous, Peters ? — Vous avez entendu, aussi bien que moi, le bruit de la sonnette. J'accours ; eh bien ! on me renvoie avec humeur. — Je n'y ai pas fait attention, dit Black. Peut-être vous êtes-vous trompé. Oh ! à présent il n'y a pas de doute : un, deux ; cela ne nous regarde pas, c'est Betsy qui est appelée. Betsy se rend chez sa maîtresse. Black et Peters restent à causer dans la hall. La femme-de-chambre revient au bout d'un quart d'heure. — Peters, donnez-moi vite les papiers que vous avez trouvés dans la chambre à coucher de mylord. — Quels papiers ? je ne sais ce que vous voulez dire. — Une lettre déchirée en plusieurs morceaux, et dont elle n'a trouvé qu'une partie. — Je ne l'ai pas vue. — Il faut que ma maîtresse attache une grande importance à ces chiffons, car elle a quitté mylord pour les chercher, et paraît fort inquiète sur leur compte. Peut-être, ne pouvant les lui rendre, perdrez-vous votre place. — Je ne la regretterais que parce qu'il me faudrait quitter de bons camarades et une fille charmante, ajouta-t-il en regardant Betsy, car je vois ici des choses qui ne me plaisent pas. — Il y a un moyen de tout arranger, dit Black : convenez que vous avez trouvé ces misérables lambeaux, et qu'étant descendu à la cuisine, vous les avez jetés au feu. — Black a raison, et je vais suivre son conseil en rendant compte à mylady de cet accident. — Êtes-vous sûre, Betsy, demanda Antonia, que

Peters a effectivement brûlé les papiers qu'il a ramassés? Au reste, ce qui en manque ne doit pas m'inquiéter. Elle avait raison, la trouvaille de Black ne pouvait être d'aucun usage. Mylady fut rejoindre son mari beaucoup plus tranquille qu'elle ne l'avait quitté.

CHAPITRE XXIII.

D'après les renseignemens qu'avait donnés Polalto sur l'assassinat de son maître, chapitre dix-huitième, le lecteur a sans doute été fort étonné de le retrouver en Allemagne, puis à Battlement-House. Je vais donc répéter ce que ce jeune homme a dit à mylord Elford en lui amenant sa jeune épouse.

Parti comme on l'a vu du château, muni d'un mandat sur le banquier de mylord Elford, Cherubini avait promis de revenir incessamment avec le grade de colonel. Attaqué vers la moitié du chemin par plusieurs voleurs, qui sûrement le savaient porteurs du mandat, il se défendit en désespéré ; mais comment un homme seul, quelque brave qu'il soit, pourrait-il résister contre une douzaine de brigands? Il en blessa quatre, et fut dépouillé par les autres. Malheureusement les scélérats firent l'inspection de leur prise avant de le relâcher. Le mandat pouvait être considéré comme de l'argent comptant, mais il fallait aller le toucher chez le banquier, et surtout empêcher que ce dernier fût prévenu. En conséquence, Cherubini fut forcé de suivre la bande dans son repaire; on l'y tint enchaîné pendant huit jours. Quand on lui rendit sa liberté, le chef, qui l'avait pris en amitié, l'engagea à l'accompagner en Allemagne, où il était obligé de se rendre pour des affaires. Cherubini craignant que mylord s'imaginant qu'il l'avait trompé pour lui ravir une somme considérable, ne le reçût fort mal, ainsi que sa cousine, ne pouvant donner aucune preuve de son innocence, se décida à accepter l'offre du chef, et ils partirent ensemble; arrivés à Vienne, cet homme lui donna assez d'argent pour pouvoir s'habiller de manière à se présenter dans un monde distingué. Il eut le bonheur de rencontrer en société mademoiselle Burkhausen; il l'aima, en fut aimé, et ne pouvant obtenir le consentement de ses parens, il l'enleva, et osa l'emmener à Battle-ment-House, où, grâce à l'indulgence de mylady et l'extrême bonté de mylord, il fut parfaitement accueilli. Tel est l'exact sommaire du récit que fit Cherubini, et qui, s'il ne coïncidait pas entièrement avec le dire de son valet Polalto, ne se trouvait pas en directe opposition avec le rapport de ce dernier.

Antonia était trop habile et trop intéressée à lire dans la figure de son mari les différens sentimens dont il était animé, pour n'avoir pas remarqué une sorte de froideur dans le ton de mylord quand il adressait la parole à Cherubini. Ce n'était plus cette confiance sans borne, ce dévouement illimité. Antonia en avertit Cariati : celui-ci ordonna à sa femme de redoubler de soins et de prévenances envers mylord et son épouse. Cette précaution ne fut pas inutile. Sa seigneurie fut bientôt subjuguée par les flatteuses attentions de Philiberte; ses soupçons disparurent, et il rendit toute son amitié à Cherubini ; ce fut par lui que l'on eut la certitude que lady Aurea et Baldwin étaient à Vienne, et logeaient chez madame Mellingen.

Plusieurs mois s'écoulèrent sans qu'on vît revenir à Battlement-House lady Aurea. Personne n'avait le droit de faire à ce sujet des questions aux seules personnes qui auraient pu y répondre, mais tout lemonde formait des conjectures. Aucune cependant n'était défavorable à la réputation de lady Aurea. Les valets et les voisins se disaient que pour satisfaire son impérieuse épouse, mylord Elford avait éloigné sa fille: mais on ignorait absolument où elle avait été conduite par son père. M. et madame Cariati, dont l'absence devait être de peu de durée, ne revenaient pas. Les gens de la maison étaient les seuls à s'apercevoir qu'ils n'étaient plus au château. Le peu de monde qui visitait mylady, était des êtres fort indifférens à ce qui se passait chez elle. L'oisiveté conduisait à Battlement- House; l'ennui en faisait partir.

Le voyage de mylord s'était borné à quelques milles, et Epsom en fut le but. Durant la route, le silence le plus profond avait régné entre le père et la fille. La chaise s'arrêta à une jolie maison ; mylord donna la main à lady Aurea, et la conduisit dans un parloir, où on leur servit à déjeûner. Quand on eut enlevé le cabaret, mylord demanda à sa fille si elle se sentait disposée à faire un léger sacrifice qui lui procurerait du repos ; la réponse fut telle qu'il l'attendait. — Eh bien, consentez-vous à rester avec les habitans de cette maison pendant six mois, sans donner à personne de vos nouvelles ? Lady Aurea ne fit aucune difficulté, et promit de n'écrire aucune lettre pendant six mois ; et même elle s'engagerait à ne pas sortir de son appartement. Cette offre ne fut pas acceptée. Mylord, à la vérité, désirait qu'elle ne se montrât pas dans les rues d'Epsom, mais n'exigea pas qu'elle sabstînt de se promener dans le jardin, qui était assez grand. Etonné de ne point voir paraître les personnes dont elle devenait l'hôtesse d'une manière aussi étrange, lady Aurea allait prier son père de la présenter aux maîtres de la maison, quand mylord, voulant mettre fin au rôle au moins ridicule qu'on lui faisait jouer, se leva, et se disposa à quitter le parloir.—Me ferez-vous la grâce, mylord, de me visiter durant mon exil? — N'en doutez pas, je viendrai vous voir si je le puis. Après un adieu fait de la manière la plus embarrassée, sa seigneurie remonta en voiture et partit.

De tristes réflexions se présentèrent en foule à l'esprit de la sœur de Baldwin dès qu'elle fut seule. Quels pouvaient être les gens qui avaient consenti à faire de leur maison une espèce de prison? Au reste, quels qu'ils fussent, elle préférerait leur demeure au désagrément de vivre avec une femme fausse et méchante. Quelque injuste que fût son père envers elle, lady Aurea le plaignait du fond de son cœur. La fatale passion que lui avait inspirée Antonia, absorbait en lui tout autre sentiment. Vainement il cherchait à se persuader qu'il était heureux. En l'observant attentivement, on lisait dans son air distrait qu'il sentait l'humiliation de son état; mais un regard caressant, et une douce parole de sa femme, rivaient de plus en plus les chaînes dont il était accablé.

Le bruit que fit la porte en s'ouvrant attira l'attention de lady Aurea; elle tourne la tête, et voit entrer quatre personnes, trois femmes et un homme. Une exclamation lui échappe. — N'est-ce pas, lady Aurea, que vous ne vous attendiez pas à nous trouver ici? dit Philiberte en venant embrasser la belle-fille de sa cousine. — Je ne le nierai pas, ma surprise est inexprimable. — Peut-être, dit Cherubini, ce n'est pas une surprise agréable?—Pourquoi ne conviendrais-je pas d'une vérité? — Madame est, à ce qu'il me paraît, d'une extrême sincérité, dit une dame dont la figure était couverte d'un voile. Sans avoir l'air de remarquer le piquant de l'observation, lady Aurea promena sa vue sur chaque individu qui s'offrait à ses yeux. En reconnaissant Rosalia, elle la salua avec amitié, et fut se placer sur un canapé. — Nous ferons notre possible, lady Aurea, dit Cariati, pour vous procurer tous les amusemens compatibles avec la retraite. — Je vous remercie, monsieur, mais mon intention étant de garder continuellement ma chambre, je n'userai pas de votre obligeante bonne volonté. — Mylord a désiré, reprit la dame voilée, que vous prissiez vos repas avec ses amis. — Êtes-vous

donc du nombre des amis de mon père?
demanda lady Aurea. — J'ose m'en
flatter.—Votre son de voix ne m'est pas
étranger, il me rappelle celui d'une
Italienne qui fut admise à l'hôtel d'Elford sous un nom et un titre supposés.
Ne craignez pas, mistress, que je vous
confonde avec cette femme; et puisque mon père vous estime, je ne dois
pas hésiter à vous accorder le même
sentiment. Sans être précisément sûre
que le voile officieux couvrait la figure de la femme-de-charge du défunt
duc de Spoletto, et qu'Antonia avait
audacieusement introduite chez mylord Elford sous le nom de la comtesse
Alfidena, lady Aurea avait à se sujet
des doutes fortement prononcés. — Je
vous prie, madame Cariati, de donner
des ordres pour qu'on me conduise
au logement qui a dû m'être préparé,
puisque j'étais attendue. — Hélas! lady

Aurea, je ne suis pas maîtresse ici , et, montrant l'inconnue, c'est à madame qu'il faut vous adresser. La dame voilée semblait attendre que la fille de mylord Elford lui fît directement la demande. — Je vais prendre connaissance du jardin, dit lady Aurea, et durant ma promenade vous agiterez ensemble la question si je dois solliciter comme une grâce ce qui m'appartient de droit. — Vous êtes chez moi, lady Aurea , et si j'ai bien voulu consentir à vous recevoir, je ne devais pas m'attendre à être insultée. Sans écouter ce que cette femme débitait avec le ton d'une Mégère, lady Aurea quitta le parloir , et descendit sur une jolie terrasse. Rosalia vint l'y joindre presque aussitôt. — Je vous croyais retournée en Italie, Rosalia? — Ah! lady Aurea, que je vous plains ! — Pensez-vous donc, Rosalia , que je doive redouter ici quelques dan-

gers ? — Aucun autre que celui de n'ê-
tre pas à votre place. Du moins, pour le
moment, c'est le seul désagrément que
vous aurez à supporter. — Connaissez-vous la maîtresse de cette maison ?
— Oui, mylady, je la connais beaucoup.
— Est-elle effectivement amie de mylord ? — Amie de mylady. — Mon père
sait qui elle est ? — Je ne crois pas. —
Il l'a vue ? — Plusieurs fois. — Elle est
étrangère, son accent l'indique ? — Oui,
mylady. — Comment la nomme-t-on ?
Rosalia hésita à répondre. — Son nom
est Isabelle. — Bien. Mais son nom de
famille, ou plutôt celui de son mari ?
Mademoiselle Cariati baissa les yeux.
— Je vous comprends : son nom est un
mystère, je m'en doutais. Mais atten-
dez, Rosalia, je puis, je crois, vous
mettre sur la voie : cette femme n'a-t-
elle pas servi le père d'Antonia ? n'a-
t-elle pas paru en Angleterre sous le

titre de comtesse Alfidena ? Rosalia rougit, mais ne parla pas.—Ainsi, Antonia prétend encore m'assimiler à son intrigante partenaire! il n'en sera rien. Je veux être servie dans ma chambre. Rosalia pleurait amèrement. — Cessez de vous affliger, Rosalia, je ne vous confonds pas avec cette femme méprisable. — Par pitié, lady Aurea, cessez de l'injurier, vous ne pouvez vous faire une idée du mal que me causent les terribles épithètes que vous lui prodiguez. Si vous saviez.... mais vous ne le saurez jamais, du moins je le désire ardemment. — Rosalia, vous me donnez de fâcheux soupçons. — N'en concevez aucun qui puisse me faire perdre votre confiance, votre commisération.—Pourquoi ne puis-je obtenir de vous une seule réponse satisfaisante? — Je suis liée par un serment ; ne l'eût-on pas exigé de moi, je serais tenue de même à garder le silence. Une indiscrétion la plus légère me rendrait coupable. — S'il en est ainsi, je n'insiste plus, et je m'abstiendrai de vous communiquer mes soupçons. Rosalia prit la main de lady Aurea, et la porta à ses lèvres. Cherubini vint offrir la sienne à la fille de mylord Elford, pour la conduire à l'appartement qui lui était destiné. Ayant vu l'action de sa sœur, il lui lança un regard de mécontentement dont dady Aurea s'aperçut. — Ne la blâmez pas, lui dit-elle, de ce que l'exemple n'a pu encore changer son naturel.

Le logement de lady Aurea lui eût paru fort agréable dans toute autre maison. Elle y trouva tout ce qui pouvait lui aider à passer le temps sans ennui. Persuadée qu'elle devait ces attentions à son père, elle lui en sut un gré infini. Pour remplir l'espèce de condition que la dame voilée lui avait dit émaner de mylord, lady Aurea descendait dans la salle à manger aux heures des repas : sa conversation se bornait à répondre quand on lui adressait la parole. Philiberte l'ayant trouvée peu disposée à former une intime liaison avec elle, lui témoigna à son tour beaucoup de froideur. Lady Aurea ne parut nullement désirer qu'on tînt avec elle une conduite différente. La promenade, la lecture, le dessin, et quelques ouvrages à l'aiguille, remplissaient ses journées. Je ne dirai pas qu'elle était heureuse. Séparée pour un temps indéfini de ceux qui lui étaient chers, ses pensées se portaient sans cesse sur des objets qu'elle était peut-être condamnée à ne jamais revoir. Cependant elle supportait son sort, et attendait avec résignation la fin d'une captivité assez douce, puisqu'elle pouvait vivre dans la solitude qui lui plaisait.

Le temps des courses amène toujours beaucoup de monde à Epsom. Madame Cariati témoigna le plus grand désir d'aller sur le terrain ; son mari, peu disposé ordinairement à la satisfaire, cette fois ne lui opposa aucune difficulté. La dame voilée et Rosalia furent de la partie. Lady Aurea fut prévenue qu'on l'enfermerait dans son appartement. — Je pardonne, dit-elle, à ceux qui ne se doutent pas combien une promesse est sacrée, de douter de mon exactitude à tenir la mienne, dont je me regarde, dès ce moment, affranchie.

Au retour, lady Aurea fut libre de descendre au jardin. Rosalia vint l'y joindre. — J'ose croire, lady Aurea, lui dit cette jeune fille, que le sort commence à me devenir propice. Voulez-vous me permettre de vous faire une petite confidence qui me concerne seule? — Dites, Rosalia, et croyez bien que je prends à vous un véritable intérêt. — Vous êtes si bonne! et, en rougissant beaucoup, Mlle. Cariati dit que depuis trois semaines, toutes les fois qu'elle sortait, elle était suivie par un jeune homme qui la regardait avec une si grande attention, qu'elle en était embarrassée. — Ce même jeune homme, ajouta-t-elle, est venu se placer près de nous aux courses; il a trouvé moyen de lier une conversation avec mon frère, puis avec moi. Nous fûmes un instant séparés de notre compagnie; il s'approcha fort près de moi, et me dit tout bas : — Daignez répondre avec sincérité à ma question : votre cœur est-il libre? Je le regarde avec surprise. — Au nom du ciel! reprit-il, dites *oui* ou *non*; le temps presse. — Mon cœur est parfaitement libre ; mais, monsieur, que vous importe ? — N'ayant aucun enga- gement, je puis espérer que mon hommage ne sera pas rejeté ? — Je ne dépends pas de moi. — Je le sais, et à présent que je suis rassuré... Malheureu- sement, ma belle-sœur accourut vers nous, ce qui l'empêcha de continuer. — Rosalia, venez donc ; pourquoi res- ter ainsi en arrière ? Le jeune inconnu offrit son bras à... la dame voilée. Lady Aurea sourit. — Du moins, appelez-la Isabella. — Vous avez raison, cela vau- dra mieux.— Eh bien, le jeune homme ? — A demandé à Isabella la permission de la voir chez elle ; elle lui a été accor- dée. Sans doute il ne tardera pas à en profiter, et, si l'on nous marie, je de- viendrai maîtresse de maison, et je pourrai offrir un asile à lady Aurea. — Aimable enfant, je vous remercie ; mais, je vous prie, que je ne sois pour rien dans votre détermination : d'abord il n'est pas certain que ce monsieur se soit décidé à vous épouser par la seule raison que vous êtes jolie ; il a voulu savoir si votre cœur était libre avant de faire aucune démarche. A présent, vos alentours lui conviendront-ils ? et, d'un autre côté, sa recherche aura-t-elle l'approbation de ceux dont vous dépendez ? Peut-être aussi cessera-t-il de vous plaire, quand vous le connaîtrez davantage ? — Si vous l'aviez vu, lady Aurea, vous n'auriez pas cette crainte. La candeur est peinte dans tous ses traits. La douceur de sa voix annonce la beauté de son ame. Lady Aurea sourit encore. Je suis sûre qu'il est digne d'obtenir votre estime. — Tout cela est possible ; mais, Rosalia, je vous engage à ne pas trop compter sur la réussite d'un projet que des circonstances imprévues peuvent faire échouer.

— Je vous en conjure, lady Aurea, ne détruisez pas la flatteuse espérance de pouvoir vous donner des preuves de mon sincère dévouement. Si ce n'est qu'une illusion, elle me rend heureuse en idée : hélas ! je l'ai si peu été depuis ma naissance. — Sans la crainte de vous affliger, Rosalia, je vous demanderais comment il se fait que, jouissant d'une grande fortune, et ne dépendant de personne, vous puissiez être mécontente du sort ?... Vos yeux se remplissent de larmes, vous soupirez ; ah ! je le vois, tout ce qui vous concerne doit être enveloppé d'un voile impénétrable. Il est doublement douloureux de souffrir sans oser confier ses chagrins. Et moi aussi je connais tout le pénible de cet état ! — Et la pauvre Rosalia ne vous semble pas digne de votre confiance ? — Ce n'est pas d'elle dont je me défie. — Je vous comprends, et ne puis

vous blâmer. Cependant, si vous pou-
viez lire dans le fond de mon cœur,
vous y verriez combien je suis incapable
de vous trahir. J'aperçois.... la dame
voilée; j'espère n'en avoir pas été re-
marquée; je vous quitte bien vite. Il
serait à désirer qu'elle ne me crût pas
honorée de votre amitié.

FIN DU SECOND VOLUME.